Horoskop

Astrologischer Ratgeber für Wohlstand und ein erfolgreiches Jahr.

Einblicke und Schlüssel zu Gesundheit, Liebe und Schicksal.

Susan Nicholas

Kapitel 1: Einleitung

Überblick über die Astrologie

Willkommen zu "Horoskop 2024: Astrologischer Leitfaden für ein erfolgreiches Jahr". In diesem Buch begeben wir uns auf eine himmlische Reise durch das Jahr 2024, um die tiefgreifenden Auswirkungen der Astrologie auf unser tägliches Leben zu erkunden. Mit jedem umgeblätterten Blatt tauchen wir in das komplexe Geflecht kosmischer Einflüsse ein, die unsere Erfahrungen, Entscheidungen und persönliches Wachstum prägen.

Das Jahr 2024 markiert einen bedeutenden Zeitraum im astrologischen Kalender, geprägt von dynamischen Planetenkonstellationen und -bewegungen. Diese himmlischen Phänomene bieten eine einzigartige Perspektive, durch die wir die Komplexität unseres Lebens betrachten und navigieren können. In diesem Leitfaden werden wir die Rollen und Einflüsse verschiedener Himmelskörper untersuchen, von der bestimmenden Energie des Mars bis zum transformierenden Orbit des Pluto.

Astrologie, eine uralte Praxis reich an Symbolik und Bedeutung, geht weit über einfache Horoskope hinaus. Sie ist eine nuancierte Sternensprache, die Einblicke in die Verbundenheit des Universums und unseren Platz darin bietet. Auf unserer

Reise durch das Jahr 2024 wird dieses Buch Ihr Begleiter sein, der die Wege erhellt, die die Sterne für uns gezeichnet haben.

Jedes Sternzeichen wird ausführlich erforscht, um ein gründliches Verständnis der einzigartigen Charakteristika und Tendenzen zu bieten, die sie definieren. Ob Sie ein leidenschaftlicher Löwe, ein nachdenklicher Zwilling oder ein widerstandsfähiger Steinbock sind, dieses Buch zielt darauf ab, Licht auf die persönliche Reise zu werfen, die Sie im Jahr 2024 erwartet.

Wir werden wichtige astrologische Ereignisse des Jahres, einschließlich Planetentransits, Rückläufigkeiten und bedeutender Finsternisse, detailliert untersuchen. Diese kosmischen Ereignisse sind nicht nur astronomische Phänomene; sie halten die Schlüssel zum Verständnis unserer inneren Verwandlungen, Beziehungen, Karrierewege und des allgemeinen Wohlbefindens.

Dieses Buch ist kein Werkzeug zur Vorhersage der Zukunft; vielmehr bietet es einen Rahmen zum Verständnis der Potenziale und Möglichkeiten, die vor uns liegen. Indem wir uns mit den kosmischen Rhythmen in Einklang bringen, gewinnen wir Klarheit und Weisheit, um Entscheidungen zu treffen, die mit unseren tiefsten Wahrheiten und Bestrebungen in Resonanz stehen.

Wenn Sie sich in die Seiten dieses Leitfadens vertiefen, nähern Sie sich ihm mit Neugier und offenem Geist. Die darin enthaltenen Einsichten sind dazu gedacht, zur Reflexion,

Selbstwahrnehmung und einer tieferen Verbindung mit dem Kosmos zu inspirieren. Lassen Sie dieses Wissen Ihr Wegweiser sein, während Sie das Jahr 2024 navigieren, ein Jahr voller Möglichkeiten für persönliche Entdeckung, Wachstum und Transformation.

Gemeinsam wollen wir die reiche und rätselhafte Welt der Astrologie erkunden, wie sie sich im Jahr 2024 entfaltet.

Planetenbewegungen und ihr Einfluss auf Vorhersagen

Der Tanz der Planeten: Verständnis ihrer Bedeutung in der Astrologie

In der komplexen Welt der Astrologie sind die Bewegungen der Planeten wie der Rhythmus eines kosmischen Tanzes, dessen Schritte und Drehungen durch unser Leben hallen. In diesem Kapitel gehen wir der Bedeutung dieser himmlischen Bewegungen nach und wie sie die Vorhersagen und Einsichten prägen, die wir aus der Astrologie gewinnen.

Die Rolle jedes Planeten

Jeder Planet in unserem Sonnensystem spielt eine einzigartige Rolle in der Astrologie und repräsentiert verschiedene Aspekte unseres Lebens und unserer Persönlichkeit. Zum Beispiel regiert Merkur Kommunikation und Intellekt, Venus überwacht Liebe und Schönheit, während Mars für Aktion und Energie steht. Das Verständnis der Natur und des Bereichs jedes Planeten hilft uns zu verstehen, wie ihre Bewegungen uns auf persönlicher Ebene beeinflussen können.

Planetenübergänge und ihre Auswirkungen

Ein Transit tritt auf, wenn ein Planet eine neue Position am Himmel einnimmt und einen Winkel zur Position eines Planeten in unserem Geburtshoroskop bildet. Diese Transits sind die Haupttreiber für Veränderungen und Wachstum in unserem Leben. Wenn zum Beispiel Jupiter transitiert, bringt er Expansion und Wachstum in den Bereich, den er berührt, während ein Saturn-Transit oft eine Zeit der Herausforderung und Disziplin signalisiert.

Rückläufigkeiten: Zeiten der Reflexion

Rückläufige Phasen, wenn Planeten scheinbar rückwärts am Himmel bewegen, sind bedeutend in der Astrologie. Diese Zeiten werden oft mit Introspektion und der Wiederbegegnung mit vergangenen Themen assoziiert. Die rückläufige Phase des Merkurs ist bekannt für Kommunikationsstörungen und Reiseprobleme, sie ermutigt uns, langsamer zu werden und unsere Pläne und Ideen zu überdenken.

Die Auswirkungen großer Ausrichtungen

Konjunktionen, Oppositionen und Quadrate zwischen Planeten erzeugen starke Energien, die unser Leben erheblich beeinflussen können. Diese Ausrichtungen können Zeiten der Spannung, Harmonie oder Transformation ankündigen, abhängig von den beteiligten Planeten und ihren Aspekten. Eine Konjunktion zwischen Venus und Mars könnte zum Beispiel leidenschaftliche Liebesaffären entzünden, während ein Quadrat zwischen dem Mond und Neptun zu emotionaler Verwirrung führen könnte.

Finsternisse: Schicksalsmomente

Sowohl Sonnen- als auch Mondfinsternisse sind entscheidende Momente in der Astrologie. Sie markieren oft bedeutende Anfänge und Enden, Zeiten, in denen das Universum unsere Pfade scheinbar neu ausrichtet. Finsternisse können unerwartete Ereignisse bringen, verborgene Wahrheiten aufdecken und unseren Weg auf tiefgreifende Weise umlenken.

Das große Bild: Äußere Planeten und generationeller Einfluss

Die langsamer bewegenden äußeren Planeten – Jupiter, Saturn, Uranus, Neptun und Pluto – haben einen generationellen Einfluss und formen breitere soziale Trends und kollektive Erfahrungen. Ihre Transits markieren bedeutende Epochen in der menschlichen Geschichte und Evolution und beeinflussen das kollektive Bewusstsein und große Weltereignisse.

Personalisierung der Planetenbewegungen

Während das Verständnis der allgemeinen Einflüsse der Planetenbewegungen faszinierend ist, liegt die wahre Kraft der Astrologie in der Personalisierung. Indem man diese Bewegungen in Bezug auf das eigene Geburtshoroskop untersucht, kann man spezifische Einsichten gewinnen, wie diese kosmischen Verschiebungen einen persönlich beeinflussen werden, und dadurch zu größerer Selbstwahrnehmung und Einklang mit dem Lebenszweck gelangen.

Zusammenfassend ist der Tanz der Planeten eine komplexe und schöne Symphonie, die unser Leben auf vielfältige Weise beeinflusst. Indem wir diese himmlischen Bewegungen verstehen und respektieren, können wir ihre Energien nutzen, um uns auf unserer Lebensreise zu leiten.

Sternzeichen: Schlüsselmerkmale und Charakteristika

Auf einer Reise durch die Sternzeichen: Verständnis der zwölf Zeichen

In diesem Kapitel erkunden wir das grundlegende Wesen jedes der zwölf Sternzeichen. Die Astrologie bietet einen reichen Teppich an Eigenschaften, Neigungen und Möglichkeiten, die durch die Position der Sonne zum Zeitpunkt der Geburt beeinflusst zu sein scheinen. Diese Zeichen bieten ein Rahmenwerk für das Verständnis unserer Persönlichkeiten, Verhaltensweisen und Lebenswege.

1. Widder (21. März - 19. April)

- Element: Feuer
- Merkmale: Energiegeladen, mutig und unabhängig. Widder sind bekannt für ihre Führungsqualitäten und Lebensfreude. Sie sind oft zielstrebig und wettbewerbsorientiert, mit einem starken Wunsch, Erster zu sein.

2. Stier (20. April - 20. Mai)

- Element: Erde
- Merkmale: Zuverlässig, geduldig und praktisch. Stiere schätzen die feineren Dinge des Lebens und sind bekannt für ihre Sinnlichkeit. Sie schätzen Stabilität und sind oft sehr entschlossen.

3. Zwillinge (21. Mai - 20. Juni)

- Element: Luft
- Merkmale: Neugierig, anpassungsfähig und kommunikativ. Zwillinge sind geistreich und gesellig, oft mit einer Liebe zur Vielfalt und intellektueller Anregung.

4. Krebs (21. Juni - 22. Juli)

- Element: Wasser
- Merkmale: Intuitiv, emotional und fürsorglich. Krebse sind tief sensibel und fürsorglich, mit einer starken Verbindung zu Heim und Familie.

5. Löwe (23. Juli - 22. August)

- Element: Feuer
- Merkmale: Selbstbewusst, großzügig und charismatisch. Löwen lieben es, im Mittelpunkt zu stehen und sind bekannt für ihre Kreativität und Führungsfähigkeiten.

6. Jungfrau (23. August - 22. September)

- Element: Erde
- Merkmale: Analytisch, sorgfältig und praktisch. Jungfrauen sind oft Perfektionisten, mit einem scharfen Auge für Details und einem starken Pflichtbewusstsein.

7. Waage (23. September - 22. Oktober)

- Element: Luft
- Merkmale: Diplomatisch, gerecht und gesellig. Waagen streben nach Harmonie und Ausgewogenheit und zeichnen sich oft in Beziehungen und künstlerischen Bestrebungen aus.

8. Skorpion (23. Oktober - 21. November)

- Element: Wasser
- Merkmale: Leidenschaftlich, einfallsreich und intensiv. Skorpione sind bekannt für ihre emotionale Tiefe und kraftvolle Präsenz.

9. Schütze (22. November - 21. Dezember)

- Element: Feuer
- Merkmale: Abenteuerlustig, optimistisch und freiheitsliebend. Schützen sind bekannt für ihre Liebe zum Reisen und die Suche nach Wissen.

10. Steinbock (22. Dezember - 19. Januar) - Element: Erde - Merkmale: Ehrgeizig, diszipliniert und praktisch. Steinböcke sind zielstrebig und zeichnen sich oft in ihrem Berufsleben aus.

11. Wassermann (20. Januar - 18. Februar) - Element: Luft - Merkmale: Innovativ, unabhängig und humanitär. Wassermänner sind zukunftsorientiert und oft mit größeren gesellschaftlichen Fragen beschäftigt.

12. Fische (19. Februar - 20. März) - Element: Wasser - Merkmale: Mitfühlend, künstlerisch und intuitiv. Fische sind bekannt für ihr Einfühlungsvermögen und haben oft eine starke Verbindung zu Kunst und Spiritualität.

Während wir durch jedes Zeichen reisen, ist es wichtig zu bedenken, dass Astrologie ein komplexes und nuanciertes Feld ist. Jeder Mensch ist einzigartig, und sein astrologisches Profil wird von einer Vielzahl von Faktoren beeinflusst, die über sein Sonnenzeichen hinausgehen. Diese allgemeinen Charakteristika bieten jedoch einen Ausgangspunkt, um die grundlegenden Qualitäten zu verstehen, die mit jedem Zeichen verbunden sind.

Kapitel 2: Monatliche Vorhersagen für jedes Sternzeichen

Navigation durch das kommende Jahr: Monatliche Einblicke

In diesem Kapitel präsentieren wir einen umfassenden Leitfaden zu den astrologischen Einflüssen, die jedes Sternzeichen im Jahr 2024 erwarten kann. Diese detaillierten monatlichen Vorhersagen bieten Einblicke in die Chancen und Herausforderungen, die entstehen könnten, und helfen Ihnen, das Jahr mit größerem Verständnis und Weitblick zu navigieren.

Widder (21. März - 19. April)

- **Januar**: Eine Zeit für Neuanfänge. Ihre Energie ist hoch, ideal, um neue Projekte zu starten. Setzen Sie sich hohe

Ziele und initiieren Sie Pläne, über die Sie nachgedacht haben.

- **Februar**: Konzentration auf Beziehungen. Der Valentinstag könnte eine bedeutende Entwicklung in Ihrem Liebesleben mit sich bringen. Dies ist eine großartige Zeit, um bestehende Beziehungen zu vertiefen oder eine neue zu beginnen.
- **März**: Ihre Karriere rückt in den Fokus. Möglichkeiten zur Weiterentwicklung und neue Projekte könnten sich präsentieren. Seien Sie bereit, die Führung zu übernehmen und Ihre Fähigkeiten zu zeigen.
- **April**: Finanzielle Angelegenheiten erfordern Aufmerksamkeit. Schauen Sie sich Budget- und Sparpläne an. Dies könnte ein guter Zeitpunkt sein, um eine bedeutende Investition oder finanzielle Entscheidung zu treffen.
- **Mai**: Eine Verschiebung hin zu persönlichem Wachstum und Selbstverbesserung. Erwägen Sie, ein neues Hobby zu beginnen oder ein Fitnessprogramm zu starten. Geistige und körperliche Gesundheit stehen im Rampenlicht.
- **Juni**: Soziale Aktivitäten und Networking werden begünstigt. Nehmen Sie an Veranstaltungen teil und knüpfen Sie Kontakte zu neuen Gruppen. Diese Interaktionen könnten zu wichtigen zukünftigen Zusammenarbeiten führen.
- **Juli**: Familienangelegenheiten können mehr Aufmerksamkeit erfordern. Es könnte ein Familientreffen geben oder die Notwendigkeit,

heimbezogene Probleme anzusprechen. Konzentrieren Sie sich auf die Balance zwischen Arbeit und Privatleben.

- **August**: Kreative Energien sind hoch. Dies ist ein guter Monat für künstlerische Bestrebungen oder kreative Projekte. Ihre innovativen Ideen werden gut ankommen.
- **September**: Reisemöglichkeiten können sich ergeben. Ob beruflich oder privat, diese Reisen könnten wertvolle Lebenserfahrungen und eine Chance zur persönlichen Reflexion bieten.
- **Oktober**: Eine Zeit der Introspektion und Selbsterkenntnis. Nehmen Sie sich Zeit, um über Ihre persönliche Reise und Ihr inneres Wachstum nachzudenken. Spirituelle oder meditative Praktiken könnten von Vorteil sein.
- **November**: Berufliche Erfolge könnten in diesem Monat ihren Höhepunkt erreichen. Ihre harte Arbeit wird wahrscheinlich anerkannt, was möglicherweise zu einer Beförderung oder neuen Jobchancen führt.
- **Dezember**: Der Fokus kehrt zu den Beziehungen zurück. Die Feiertagszeit ist eine Zeit für Verbindung und Wärme. Stärken Sie Ihre Bindungen zu Ihren Liebsten und genießen Sie die festlichen Feierlichkeiten.

Diese Vorhersage für das Sternzeichen Widder im Jahr 2024 deutet auf ein Jahr voller Wachstum, Möglichkeiten und die Chance hin, Beziehungen zu stärken. Wie immer sind diese astrologischen Einsichten Leitfäden und keine Absolutheiten, die Wege bieten, um die Herausforderungen und Chancen des Jahres zu navigieren.

Stier (20. April - 20. Mai)

- **Januar**: Finanzplanung ist entscheidend. Suchen Sie nach Möglichkeiten, Ihr Einkommen zu erhöhen, möglicherweise durch Investitionen oder ein neues Geschäftsvorhaben. Es ist eine gute Zeit, Ihr Budget zu überprüfen und anzupassen.
- **Februar**: Ihr soziales Leben nimmt Fahrt auf. Genießen Sie die Gesellschaft von Freunden und Familie. Dieser Monat ist ideal zum Netzwerken und zum Stärken Ihrer Verbindungen.
- **März**: Konzentration auf persönliche Entwicklung. Sie könnten Interesse daran finden, eine neue Fähigkeit zu erlernen oder ein neues Hobby zu verfolgen. Bildung und Selbstverbesserung sind hervorgehoben.
- **April**: Gesundheit und Wellness rücken in den Fokus. Erwägen Sie, eine neue Trainingsroutine zu beginnen oder Ihre Ernährung zu überarbeiten. Es ist Zeit, Ihre physische und mentale Gesundheit zu priorisieren.
- **Mai**: Ihr Geburtsmonat bringt einen Schub an Energie und Selbstvertrauen. Es ist eine Zeit zum Feiern und zur persönlichen Reflexion. Setzen Sie Absichten für das kommende Jahr.
- **Juni**: Karrieremöglichkeiten könnten sich ergeben. Seien Sie bereit, neue Verantwortlichkeiten zu übernehmen oder eine berufliche Veränderung in Betracht zu ziehen. Ihre harte Arbeit wird wahrscheinlich anerkannt werden.

- **Juli**: Eine Reise könnte am Horizont stehen. Ob Urlaub oder geschäftliche Reise, nutzen Sie die Gelegenheit, neue Orte und Kulturen zu erkunden.
- **August**: Beziehungen, sowohl romantische als auch platonische, stehen im Rampenlicht. Dies ist eine Zeit, um Verbindungen zu vertiefen und möglicherweise jemand Besonderes zu treffen, wenn Sie Single sind.
- **September**: Finanzielle Angelegenheiten benötigen erneut Ihre Aufmerksamkeit. Sie könnten die Ergebnisse Ihrer früheren Finanzplanung sehen. Behalten Sie Investitionen und Ersparnisse im Auge.
- **Oktober**: Haus- und Familienangelegenheiten könnten Ihren Fokus erfordern. Erwägen Sie Verbesserungen im Haus oder verbringen Sie qualitativ hochwertige Zeit mit der Familie. Ausgewogenheit ist der Schlüssel.
- **November**: Kreativität ist gesteigert. Engagieren Sie sich in künstlerischen Aktivitäten oder kreativen Projekten. Es ist auch eine gute Zeit für gesellschaftliche Veranstaltungen und Unterhaltung.
- **Dezember**: Das Jahr endet mit einem Fokus auf Introspektion und Zukunftsplanung. Reflektieren Sie über das vergangene Jahr und setzen Sie Ziele für das nächste. Es ist eine Zeit für Abschluss und neue Anfänge.

Diese Vorhersage für das Sternzeichen Stier im Jahr 2024 deutet auf ein Jahr des persönlichen Wachstums, finanzieller Möglichkeiten und der Stärkung von Beziehungen hin. Denken Sie daran, dass diese astrologischen Einsichten als Leitfaden und Perspektive dienen sollen, und der Weg, den Sie wählen, letztendlich von Ihnen selbst gestaltet wird.

Zwillinge (21. Mai - 20. Juni)

- **Januar**: Kreative Bestrebungen werden begünstigt. Dies ist eine hervorragende Zeit, um sich künstlerisch auszudrücken. Ob Schreiben, Malen oder eine andere Kunstform, Ihre Kreativität fließt.
- **Februar**: Kommunikation ist entscheidend. Konzentrieren Sie sich auf klare und effektive Kommunikation, besonders in Ihren persönlichen und beruflichen Beziehungen. Klären Sie Missverständnisse und führen Sie ehrliche Gespräche.
- **März**: Schwerpunkt auf Heim und Familie. Sie könnten sich mehr Zeit zu Hause oder mit Familienmitgliedern verbringen. Es ist eine großartige Zeit für Heimwerkerprojekte oder Familientreffen.
- **April**: Ihr sozialer Kreis erweitert sich. Neue Freundschaften und Networking-Möglichkeiten entstehen. Engagieren Sie sich in gesellschaftlichen Veranstaltungen und Gemeinschaftsaktivitäten, um Gleichgesinnte zu treffen.
- **Mai**: Persönliches Wachstum wird hervorgehoben. Sie könnten motiviert sein, sich auf eine Reise der Selbsterkenntnis oder persönlichen Entwicklung zu begeben. Erwägen Sie, Kurse zu belegen oder zu lesen, um Ihr Wissen zu erweitern.

- **Juni**: Karriere und Berufsleben rücken in den Fokus. Dies könnte eine entscheidende Zeit für beruflichen Aufstieg oder die Gründung eines neuen Geschäftsvorhabens sein. Seien Sie bereit, Chancen zu ergreifen.
- **Juli**: Finanzmanagement ist der Schlüssel. Achten Sie auf Ihre Finanzen, Budgetierung und Investitionen. Es ist eine gute Zeit, um für zukünftige finanzielle Sicherheit zu planen.
- **August**: Liebe und Beziehungen stehen im Mittelpunkt. Wenn Sie Single sind, könnten Sie jemand Besonderes treffen. Für diejenigen in einer Beziehung ist es eine Zeit, die Romantik wieder aufleben zu lassen.
- **September**: Gesundheit und Wellness sind wichtig. Konzentrieren Sie sich darauf, einen gesunden Lebensstil aufrechtzuerhalten. Integrieren Sie regelmäßige Bewegung und ausgewogene Ernährung in Ihren Alltag.
- **Oktober**: Reisen steht auf dem Programm. Planen Sie eine Reise oder einen Urlaub. Es könnte eine ausgezeichnete Gelegenheit zur Entspannung und zur Gewinnung neuer Perspektiven sein.
- **November**: Reflexion und Introspektion. Verbringen Sie Zeit damit, über die Richtung und Ziele Ihres Lebens nachzudenken. Tagebuchschreiben oder meditative Praktiken könnten hilfreich sein.
- **Dezember**: Das Jahr endet mit einem Fokus auf Feier und Freude. Es ist eine Zeit, um die festliche Saison mit Freunden und Familie zu genießen, über die

Errungenschaften des Jahres nachzudenken und sich auf die Zukunft zu freuen.

Die Vorhersage für Zwillinge im Jahr 2024 deutet auf ein Jahr voller Möglichkeiten für kreativen Ausdruck, persönliches Wachstum und die Stärkung von Beziehungen hin. Wie bei jeder astrologischen Vorhersage sind diese Einsichten als Wegweiser und Inspiration gedacht, nicht als Vorgabe für Ihren Weg. Nutzen Sie sie, um das Jahr mit Optimismus und einem Sinn für Entdeckung zu navigieren.

Krebs (21. Juni - 22. Juli)

- **Januar**: Konzentration auf Selbstfürsorge. Dieser Monat steht im Zeichen der Erneuerung von Geist und Körper. Priorisieren Sie Aktivitäten, die Entspannung und Wellness bringen, wie Yoga oder Meditation.
- **Februar**: Heim und Familie stehen im Mittelpunkt. Organisieren Sie ein Familientreffen oder investieren Sie Zeit in Heimwerkerprojekte. Es ist eine Zeit, um familiäre Bindungen zu stärken.
- **März**: Kreativität und Hobbys werden hervorgehoben. Beschäftigen Sie sich mit Aktivitäten, die Ihr künstlerisches Talent fördern, oder starten Sie ein neues kreatives Projekt. Es ist eine Zeit, in der Ihre Fantasie freien Lauf haben kann.
- **April**: Das Berufsleben verlangt Aufmerksamkeit. Möglichkeiten für beruflichen Aufstieg können sich

ergeben. Seien Sie offen für neue Herausforderungen und bereit, Führungsrollen zu übernehmen.

- **Mai**: Das soziale Leben wird aktiver. Besuchen Sie Veranstaltungen, knüpfen Sie alte Kontakte wieder und machen Sie neue Bekanntschaften. Networking kann zu spannenden Gelegenheiten führen.
- **Juni**: Konzentration auf finanzielle Planung. Überprüfen Sie Ihr Budget, erwägen Sie Investitionen und planen Sie Ihre zukünftige finanzielle Sicherheit. Es ist eine gute Zeit, finanziellen Rat einzuholen, falls nötig.
- **Juli**: Reisen und Abenteuer rufen. Planen Sie einen Urlaub oder einen kurzen Ausflug, um sich aufzuladen. Das Erkunden neuer Orte kann neue Perspektiven und Inspiration bringen.
- **August**: Beziehungen, sowohl romantische als auch platonische, stehen im Fokus. Wenn Sie Single sind, könnten Sie jemand Besonderen treffen. Für diejenigen in einer Beziehung, vertiefen Sie Ihre Verbindung mit Ihrem Partner.
- **September**: Gesundheit und Wellness sind wichtig. Achten Sie auf Ihr körperliches und geistiges Wohlbefinden. Die Implementierung eines neuen Fitnessprogramms oder Ernährungsplans könnte vorteilhaft sein.
- **Oktober**: Berufliche Möglichkeiten können sich erneut ergeben. Seien Sie bereit, Ihre Fähigkeiten und Talente zu zeigen. Eine Beförderung oder ein neues Jobangebot könnten in Aussicht stehen.

- **November**: Persönliches Wachstum und Selbstreflexion sind wichtig. Nehmen Sie sich Zeit, um Ihren Lebensweg und Ihre Ziele zu bewerten. Erwägen Sie die Teilnahme an spirituellen oder selbstverbessernden Aktivitäten.
- **Dezember**: Das Jahr endet mit einem Fokus auf Introspektion und Familie. Genießen Sie die Feiertagssaison mit Ihren Lieben und reflektieren Sie über die Errungenschaften des Jahres und zukünftige Bestrebungen.

Die Vorhersage für Krebs im Jahr 2024 deutet auf ein Jahr voller Möglichkeiten für persönliches und berufliches Wachstum, Vertiefung von Beziehungen und Fokus auf Selbstfürsorge hin. Diese astrologischen Einsichten sind als Leitfaden und Unterstützung gedacht, um die Herausforderungen und Chancen des Jahres zu meistern. Denken Sie daran, dass die Entscheidungen und Wege, die Sie wählen, letztendlich Ihre eigenen sind.

Löwe (23. Juli - 22. August)

- **Januar**: Führungsmöglichkeiten tauchen auf. Dies ist eine Zeit, um in Rollen zu treten, die es Ihnen erlauben, zu glänzen und Ihre Fähigkeiten zu demonstrieren. Ihr natürliches Charisma und Selbstvertrauen ziehen positive Aufmerksamkeit an.
- **Februar**: Romantik liegt in der Luft. Planen Sie ein besonderes Date oder einen Ausflug, besonders um den

Valentinstag herum. Wenn Sie Single sind, könnten Sie jemanden treffen, der Ihr Herz erobert. Für diejenigen in Beziehungen, entfachen Sie die Leidenschaft neu.

- **März**: Kreative Projekte gedeihen. Ihre kreative Energie ist hoch, was es zu einer idealen Zeit macht, um künstlerische Vorhaben zu beginnen oder abzuschließen. Dies ist auch eine gute Zeit für Hobbys und Freizeitaktivitäten.
- **April**: Fokus auf Heim und Familie. Es könnte Ereignisse oder Situationen geben, die Ihre Aufmerksamkeit zu Hause erfordern. Es ist eine großartige Zeit, um Verbindungen mit Familienmitgliedern zu knüpfen und bleibende Erinnerungen zu schaffen.
- **Mai**: Die Karriere rückt in den Mittelpunkt. Es können sich neue Jobchancen oder Projekte präsentieren, die Sie herausfordern und begeistern. Ihre Führungsfähigkeiten sind gefragt.
- **Juni**: Zeit für Selbstreflexion und persönliches Wachstum. Überlegen Sie sich Ihre langfristigen Ziele und Bestrebungen. Es ist ein guter Monat für Planung und Strategieentwicklung für Ihre Zukunft.
- **Juli**: Ihr Geburtsmonat bringt Erneuerung und Feierlichkeiten. Reflektieren Sie über das vergangene Jahr und setzen Sie Absichten für das neue. Es ist eine Zeit persönlicher Bedeutung und freudiger Zusammenkünfte.
- **August**: Finanzieller Fokus. Überprüfen Sie Ihre Finanzen, erwägen Sie Investitionen und suchen Sie nach Möglichkeiten, Ihre finanzielle Stabilität zu verbessern.

Es könnte eine gute Zeit sein, Rat von Finanzexperten einzuholen.

- **September**: Gesellschaftliche Aktivitäten werden hervorgehoben. Nehmen Sie an Veranstaltungen, Partys und Treffen teil. Dies ist die perfekte Zeit, um Ihren sozialen Kreis zu erweitern und neue Kontakte zu knüpfen.
- **Oktober**: Reisen könnten am Horizont liegen. Ob beruflich oder privat, Reisen in diesem Monat können eine erfrischende Abwechslung und neue Erfahrungen bieten.
- **November**: Gesundheit und Wellness kommen in den Fokus. Achten Sie auf Ihre körperliche Fitness und geistige Gesundheit. Die Implementierung eines neuen Gesundheitsprogramms könnte vorteilhaft sein.
- **Dezember**: Das Jahr endet mit Introspektion und Planung. Reflektieren Sie über Ihre Errungenschaften und setzen Sie Ziele für das kommende Jahr. Es ist auch eine Zeit zum Entspannen und um die Feiertage mit Ihren Liebsten zu genießen.

Diese Vorhersage für Löwe im Jahr 2024 deutet auf ein Jahr voller Möglichkeiten für Führung, Kreativität und persönliches Wachstum hin. Denken Sie daran, dass diese astrologischen Einsichten als Leitfaden gedacht sind, um das Potenzial des Jahres optimal zu nutzen. Ihre individuellen Entscheidungen und Handlungen werden Ihre Reise formen.

Jungfrau (23. August - 22. September)

- **Januar**: Gesundheit und Fitness stehen im Mittelpunkt. Dies ist der perfekte Zeitpunkt, um eine neue Wellness-Routine zu beginnen oder Ihre Ernährung zu überarbeiten. Konzentrieren Sie sich auf Aktivitäten, die sowohl Ihr körperliches als auch geistiges Wohlbefinden verbessern.
- **Februar**: Berufliche Aufstiege sind möglich. Bleiben Sie fokussiert auf Ihre beruflichen Ziele. Harte Arbeit und Hingabe könnten zu bedeutenden Erfolgen oder Anerkennung am Arbeitsplatz führen.
- **März**: Finanzplanung erfordert Aufmerksamkeit. Überprüfen Sie Ihr Budget und Ihre Ersparnisse und erwägen Sie kluge Investitionen für langfristige Vorteile. Es ist eine gute Zeit für finanzielle Strategien.
- **April**: Das soziale Leben wird lebendig. Engagieren Sie sich mehr mit Freunden und erweitern Sie Ihr soziales Netzwerk. Es ist auch eine günstige Zeit für gemeinschaftliche Projekte und Teamarbeit.
- **Mai**: Persönliche Beziehungen rücken in den Fokus. Ob es darum geht, bestehende Beziehungen zu stärken oder neue zu knüpfen, dieser Monat dreht sich um tiefergehende Verbindungen mit anderen.
- **Juni**: Reisemöglichkeiten können sich ergeben. Ob zum Vergnügen oder beruflich, Reisen kann neue Erfahrungen bringen und Ihren Horizont erweitern. Nutzen Sie die Chance, zu erkunden.

- **Juli**: Kreativität und Hobbys werden gefördert. Widmen Sie sich Aktivitäten, die Ihre kreative Seite anregen. Ob Kunst, Handwerk oder ein neues Hobby, lassen Sie Ihrer Fantasie freien Lauf.
- **August**: Ihr Geburtsmonat bringt Introspektion und Selbstreflexion. Überlegen Sie sich Ihre Erfolge und setzen Sie Ziele für das neue Jahr. Es ist eine Zeit für persönliches Wachstum und das Setzen neuer Absichten.
- **September**: Bildung und Lernen stehen im Rampenlicht. Erwägen Sie die Teilnahme an einem Kurs oder Workshop, um Ihre Fähigkeiten zu verbessern. Es ist eine ausgezeichnete Zeit für intellektuelle Bestrebungen und die Erweiterung Ihres Wissens.
- **Oktober**: Haus- und Familienangelegenheiten können Ihre Aufmerksamkeit erfordern. Dies könnte Heimwerkerprojekte oder Familienereignisse beinhalten. Streben Sie nach Ausgewogenheit zwischen Ihrem persönlichen und beruflichen Leben.
- **November**: Spirituelles und emotionales Wohlbefinden rücken in den Fokus. Engagieren Sie sich in Aktivitäten, die Ihre Seele nähren, wie Meditation, Yoga oder Zeit in der Natur.
- **Dezember**: Das Jahr endet mit einem Fokus auf Feier und Reflexion. Genießen Sie die festliche Saison und nehmen Sie sich Zeit, um die Reise des Jahres zu schätzen. Es ist auch eine großartige Zeit, um Pläne für das kommende Jahr zu machen.

Diese Vorhersage für Jungfrau im Jahr 2024 deutet auf ein Jahr voller Möglichkeiten für persönliches und berufliches Wachstum, Gesundheitsverbesserung und Vertiefung von Beziehungen hin. Diese astrologischen Einsichten sollen Ihnen helfen, das Potenzial des Jahres optimal zu nutzen und Ihre Reise entsprechend Ihren persönlichen Zielen und Bestrebungen zu gestalten.

Waage (23. September - 22. Oktober)

- **Januar**: Ausgewogenheit ist Ihr Mantra. Streben Sie in diesem Monat nach Gleichgewicht in allen Bereichen Ihres Lebens. Konzentrieren Sie sich darauf, eine gesunde Work-Life-Balance zu halten und Ihre Beziehungen zu pflegen.
- **Februar**: Rechtliche Angelegenheiten könnten in den Vordergrund rücken. Gehen Sie diese mit Klarheit und Präzision an. Es ist auch eine gute Zeit, um anstehende Streitigkeiten oder Verhandlungen zu lösen.
- **März**: Ihr sozialer Kreis erweitert sich. Engagieren Sie sich in neuen Aktivitäten und lernen Sie neue Leute kennen. Networking kann sowohl persönlich als auch beruflich zu spannenden Möglichkeiten führen.

- **April**: Konzentrieren Sie sich auf persönliche Entwicklung. Dies ist eine großartige Zeit für Selbstverbesserung, sei es das Erlernen einer neuen Fähigkeit oder die Erweiterung Ihres Wissens.
- **Mai**: Karrierechancen treten auf. Seien Sie bereit, neue Herausforderungen bei der Arbeit anzunehmen. Ihre diplomatischen Fähigkeiten und Ihr fairer Ansatz machen Sie zu einem wertvollen Teammitglied.
- **Juni**: Finanzplanung wird hervorgehoben. Überprüfen Sie Ihre Investitionen und Ihr Budget. Erwägen Sie, Rat von einem Finanzexperten einzuholen, um Ihre Finanzen zu optimieren.
- **Juli**: Reisemöglichkeiten entstehen. Ob zum Vergnügen oder beruflich, Reisen kann neue Einsichten bringen und Ihren Horizont erweitern. Nutzen Sie neue Erfahrungen.
- **August**: Beziehungen stehen im Mittelpunkt. Dies ist eine gute Zeit, um an Ihren bestehenden Beziehungen zu arbeiten und, wenn Sie Single sind, offen für neue romantische Möglichkeiten zu sein.
- **September**: Gesundheit und Wellness sollten Priorität haben. Achten Sie auf Ihr körperliches und geistiges Wohlbefinden. Beginnen Sie ein neues Gesundheitsprogramm oder verfeinern Sie Ihr aktuelles.
- **Oktober**: Ihr Geburtsmonat bringt Introspektion und Zielsetzung. Reflektieren Sie über das vergangene Jahr und planen Sie für die Zukunft. Feiern Sie Ihre Erfolge mit Ihren Liebsten.
- **November**: Kreativität und Hobbys rücken in den Mittelpunkt. Widmen Sie sich künstlerischen

Bestrebungen oder starten Sie ein neues kreatives Projekt. Dies kann eine Quelle der Freude und Entspannung sein.

- **Dezember**: Das Jahr endet mit einem Fokus auf Familie und Zuhause. Genießen Sie die Feiertagssaison und schätzen Sie die Zeit mit Familie und Freunden. Es ist auch eine gute Zeit für Heimwerkerprojekte.

Diese Vorhersage für Waage im Jahr 2024 deutet auf ein Jahr voller Möglichkeiten für Wachstum, Ausgewogenheit im persönlichen und beruflichen Leben und Stärkung von Beziehungen hin. Nutzen Sie diese astrologischen Einsichten als Leitfaden, um das Jahr zu navigieren, und treffen Sie Entscheidungen, die mit Ihren Werten und Bestrebungen übereinstimmen.

Skorpion (23. Oktober - 21. November)

- **Januar**: Introspektion und persönliches Wachstum sind zentrale Themen. Es ist eine Zeit, Ihre innere Welt zu erforschen und möglicherweise tief verwurzelte Probleme anzugehen. Meditative Praktiken und Tagebuchschreiben können hilfreich sein.
- **Februar**: Finanzielle Gewinne sind möglich. Suchen Sie nach Investitionsmöglichkeiten und Wegen, Ihre finanzielle Stabilität zu verbessern. Es ist auch eine gute Zeit, Ihre Finanzpläne zu überprüfen und notwendige Anpassungen vorzunehmen.

- **März**: Das soziale Leben wird lebendig. Knüpfen Sie Verbindungen zu alten Freunden und seien Sie offen für neue Kontakte. Ihr soziales Netzwerk könnte wertvolle Möglichkeiten bringen.
- **April**: Konzentration auf Karriere und berufliche Entwicklung. Sie könnten für Ihre harte Arbeit anerkannt werden oder neue Jobchancen erhalten. Seien Sie bereit, neue Herausforderungen anzunehmen.
- **Mai**: Romantik und Beziehungen rücken in den Fokus. Wenn Sie Single sind, könnten Sie eine bedeutungsvolle Verbindung finden. Für diejenigen in Beziehungen ist es eine Zeit, Ihre Bindung zu vertiefen.
- **Juni**: Gesundheit und Wellness werden hervorgehoben. Priorisieren Sie Ihr körperliches und geistiges Wohlbefinden. Dies könnte das Starten einer neuen Fitnessroutine oder Diät beinhalten.
- **Juli**: Reisemöglichkeiten ergeben sich. Ob zum Vergnügen oder beruflich, nutzen Sie die Chance, neue Orte und Kulturen zu erkunden. Reisen könnte wertvolle Lebenslektionen und Einsichten bringen.
- **August**: Kreative Projekte und Hobbys werden gefördert. Drücken Sie sich durch Kunst, Schreiben oder andere kreative Ausdrucksformen aus. Es ist eine Zeit, um Ihre Kreativität strahlen zu lassen.
- **September**: Bildung und Lernen stehen im Rampenlicht. Erwägen Sie, sich für einen Kurs anzumelden oder Workshops zu besuchen, um Ihre Fähigkeiten oder Ihr Wissen zu erweitern.

- **Oktober**: Ihr Geburtsmonat bringt Reflexion und Selbstbewertung. Überlegen Sie, welchen Fortschritt Sie gemacht haben, und setzen Sie Ziele für das kommende Jahr. Es ist eine Zeit zum Feiern und Planen.
- **November**: Familie und Heimat rücken in den Mittelpunkt. Verbringen Sie qualitativ hochwertige Zeit mit Familienmitgliedern und konzentrieren Sie sich darauf, Ihren Wohnraum zu verbessern. Es ist eine Zeit, um Ihr Privatleben zu pflegen.
- **Dezember**: Das Jahr endet mit einem Fokus auf Entspannung und Erholung. Nehmen Sie sich Zeit, um sich zu entspannen und die Feiertagssaison zu genießen. Reflektieren Sie über die Erfahrungen des Jahres und bereiten Sie sich auf das neue Jahr vor.

Diese Vorhersage für Skorpion im Jahr 2024 deutet auf ein Jahr voller Möglichkeiten für Introspektion, finanzielles Wachstum und Vertiefung persönlicher Verbindungen hin. Denken Sie daran, dass diese astrologischen Einsichten dazu dienen, Sie durch das Jahr zu führen und das Potenzial des Jahres optimal zu nutzen. Ihre persönlichen Entscheidungen werden letztendlich Ihre Erfahrungen prägen.

Schütze (22. November - 21. Dezember)

- **Januar**: Reisemöglichkeiten können sich ergeben. Es ist die perfekte Zeit, Ihren Horizont zu erweitern, sei es durch physische Reisen oder das Erkunden neuer Ideen und Kulturen. Umarmen Sie Abenteuer und neue Erfahrungen.

- **Februar**: Bildung und Lernen werden begünstigt. Erwägen Sie die Einschreibung in einen Kurs, Workshop oder vielleicht ein Seminar, das Ihr Interesse weckt. Es ist eine ausgezeichnete Zeit für intellektuelles Wachstum.
- **März**: Networking und soziale Interaktionen stehen im Mittelpunkt. Nehmen Sie an gesellschaftlichen Veranstaltungen teil, engagieren Sie sich in Gemeinschaftsaktivitäten und erweitern Sie Ihren sozialen Kreis. Diese Verbindungen können Türen zu neuen Möglichkeiten öffnen.
- **April**: Konzentration auf berufliche Entwicklung. Möglicherweise begegnen Sie Gelegenheiten für einen Aufstieg oder entdecken einen neuen Weg, der besser zu Ihren Leidenschaften passt.
- **Mai**: Finanzplanung ist der Schlüssel. Überprüfen und passen Sie Ihre Finanzstrategien an, suchen Sie nach Investitionsmöglichkeiten und verwalten Sie Ihre Ressourcen weise.
- **Juni**: Romantik und persönliche Beziehungen rücken in den Fokus. Wenn Sie Single sind, könnten Sie jemand Besonderes treffen. Wenn Sie in einer Beziehung sind, vertiefen Sie Ihre Verbindung mit Ihrem Partner.
- **Juli**: Gesundheit und Wellness sind wichtig. Implementieren Sie ein neues Fitnessprogramm oder konzentrieren Sie sich auf gesündere Lebensstilentscheidungen. Achten Sie auf Ihre körperliche und geistige Gesundheit.

- **August**: Kreative Projekte und Selbstdarstellung werden gefördert. Dies ist eine großartige Zeit, um sich in künstlerischen Aktivitäten zu engagieren oder ein Projekt zu starten, über das Sie nachgedacht haben.
- **September**: Familie und häusliches Leben gewinnen an Bedeutung. Verbringen Sie qualitativ hochwertige Zeit mit Familienmitgliedern oder erwägen Sie, einige Änderungen oder Verbesserungen in Ihrer häuslichen Umgebung vorzunehmen.
- **Oktober**: Reisen könnten erneut auf dem Programm stehen. Planen Sie eine Reise oder einen Urlaub, besonders einen, der das Erkunden von weniger bekannten Orten beinhaltet.
- **November**: Reflektieren Sie über Ihr persönliches Wachstum und Ihre Errungenschaften. Wenn Ihr Geburtstag näher rückt, überprüfen Sie das vergangene Jahr und setzen Sie Absichten für das kommende.
- **Dezember**: Das Jahr endet mit einem Fokus auf Entspannung und das Genießen der Feiertagssaison. Verbringen Sie Zeit mit Freunden und Familie und feiern Sie Ihre Erfolge.

Diese Vorhersage für Schütze im Jahr 2024 deutet auf ein Jahr voller Möglichkeiten für Abenteuer, persönliches Wachstum und Erweiterung Ihres Horizonts hin. Diese astrologischen Einsichten sollen Sie das ganze Jahr über leiten und inspirieren und Ihnen helfen, das Beste aus den sich bietenden Gelegenheiten zu machen.

Steinbock (22. Dezember - 19. Januar)

- **Januar**: Berufliche Erfolge stehen im Mittelpunkt. Setzen Sie hohe Ziele in Ihren beruflichen Bestrebungen. Es ist eine großartige Zeit, um ehrgeizige Ziele zu setzen und mit Entschlossenheit darauf hinzuarbeiten.
- **Februar**: Networking ist der Schlüssel. Vernetzen Sie sich mit einflussreichen Personen und erkunden Sie neue Möglichkeiten zur Zusammenarbeit. Nehmen Sie an beruflichen Veranstaltungen teil und führen Sie bedeutungsvolle Gespräche.
- **März**: Finanzplanung und -management haben Priorität. Überprüfen Sie Ihre Investitionen und erwägen Sie langfristige Finanzstrategien. Es ist auch eine gute Zeit, um Rat von Finanzexperten einzuholen.
- **April**: Persönliche Entwicklung und Selbstverbesserung werden hervorgehoben. Erwägen Sie die Einschreibung in einen Kurs oder die Suche nach neuen Lernerfahrungen, die Ihre Fähigkeiten verbessern können.
- **Mai**: Ausgewogenheit zwischen Arbeit und Privatleben ist entscheidend. Nehmen Sie sich Zeit für Entspannung und Aktivitäten, die Sie verjüngen. Achten Sie auf Ihr Wohlbefinden.
- **Juni**: Kreative Projekte und Hobbys können Ihr Interesse wecken. Gehen Sie Aktivitäten nach, die Ihnen

erlauben, Ihre Kreativität auszudrücken und eine Abwechslung zur Routine zu bieten.

- **Juli**: Reisemöglichkeiten können sich ergeben. Ob geschäftlich oder zum Vergnügen, Reisen können neue Perspektiven bieten und eine Chance zum Aufladen sein.
- **August**: Beziehungen, sowohl persönliche als auch berufliche, rücken in den Fokus. Stärken Sie Ihre Verbindungen und kommunizieren Sie effektiv, um Vertrauen und Verständnis aufzubauen.
- **September**: Gesundheit und Fitness sollten Priorität haben. Implementieren Sie ein neues Gesundheitsprogramm oder verfeinern Sie Ihr aktuelles. Konzentrieren Sie sich darauf, einen gesunden Lebensstil aufrechtzuerhalten.
- **Oktober**: Berufliche Entwicklung und Wachstum bleiben bedeutend. Nehmen Sie neue Herausforderungen bei der Arbeit an und demonstrieren Sie Ihre Führungs- und Problemlösungsfähigkeiten.
- **November**: Reflektieren Sie über Ihr persönliches und berufliches Wachstum. Wenn Ihr Geburtstag näher rückt, bewerten Sie den gemachten Fortschritt und setzen Sie Ziele für das kommende Jahr.
- **Dezember**: Das Jahr endet mit einem Fokus auf Familie und Feierlichkeiten. Genießen Sie die Feiertagssaison, verbringen Sie Zeit mit Ihren Lieben und schätzen Sie diese Momente.

Diese Vorhersage für Steinbock im Jahr 2024 deutet auf ein Jahr voller Möglichkeiten für berufliches Wachstum,

Finanzmanagement und persönliche Entwicklung hin. Nutzen Sie diese astrologischen Einsichten, um Ihre Entscheidungen und Handlungen im Laufe des Jahres zu leiten, und richten Sie sie an Ihren langfristigen Zielen und Bestrebungen aus.

Wassermann (20. Januar - 18. Februar)

- **Januar**: Umarmen Sie Innovation und Veränderung. Dies ist eine ausgezeichnete Zeit, um über den Tellerrand zu schauen und neue Ideen zu erkunden. Seien Sie offen dafür, neue Technologien oder Methoden sowohl in Ihrem persönlichen als auch beruflichen Leben zu adoptieren.
- **Februar**: Engagement in der Gemeinschaft bringt Freude. Beteiligen Sie sich an lokalen Veranstaltungen oder ehrenamtlichen Aktivitäten. Ihr Beitrag kann eine bedeutende Auswirkung haben und ein Gefühl der Erfüllung bringen.
- **März**: Konzentrieren Sie sich auf persönliche Beziehungen. Dies ist eine Zeit, um Ihre Verbindungen mit Freunden und Familie zu stärken. Kommunikation und Verständnis sind entscheidend.
- **April**: Karriere und berufliche Entwicklung stehen im Rampenlicht. Sie könnten auf Möglichkeiten für einen Aufstieg oder neue Projekte stoßen, die herausfordern und inspirieren.
- **Mai**: Finanzplanung ist wesentlich. Überprüfen Sie Ihre Investitionen und Sparstrategien. Erwägen Sie, einen

Finanzberater zu konsultieren, um das Beste aus Ihren Ressourcen zu machen.

- **Juni**: Reisemöglichkeiten können sich ergeben. Dies ist eine großartige Zeit sowohl für Freizeit als auch für Erkundungen. Reisen kann neue Perspektiven und Inspiration bieten.
- **Juli**: Kreativität und Selbstdarstellung werden gefördert. Beschäftigen Sie sich mit künstlerischen Aktivitäten oder Hobbys, die es Ihnen ermöglichen, Ihre einzigartigen Ideen und Persönlichkeit auszudrücken.
- **August**: Gesundheit und Wellness sollten Priorität haben. Implementieren Sie neue Gesundheitsroutinen, achten Sie auf Ernährung und nehmen Sie sich Zeit für körperliche Aktivität.
- **September**: Bildung und Lernen werden hervorgehoben. Erwägen Sie die Einschreibung in einen Kurs oder den Besuch eines Seminars, das Ihren Interessen oder beruflichen Zielen entspricht.
- **Oktober**: Konzentration auf Heim und Familie. Dies könnte Hausverbesserungen oder qualitativ hochwertige Zeit mit Familienmitgliedern beinhalten. Es ist eine Zeit, um Ihr Privatleben zu pflegen.
- **November**: Gesellschaftliche Aktivitäten und Networking sind wichtig. Nehmen Sie an gesellschaftlichen Veranstaltungen teil, lernen Sie neue Leute kennen und erweitern Sie Ihren sozialen Kreis. Diese Verbindungen können zu spannenden Gelegenheiten führen.

- **Dezember**: Das Jahr endet mit Introspektion und Planung für die Zukunft. Reflektieren Sie über die Errungenschaften des vergangenen Jahres und setzen Sie Ziele für das kommende Jahr. Es ist eine Zeit der Erneuerung und des Setzens neuer Absichten.

Diese Vorhersage für Wassermann im Jahr 2024 deutet auf ein Jahr voller Möglichkeiten für Wachstum, Innovation und Stärkung von Gemeinschafts- und persönlichen Verbindungen hin. Nutzen Sie diese astrologischen Einsichten, um Ihre Entscheidungen und Handlungen im Laufe des Jahres zu leiten und sie mit Ihrer Vision für die Zukunft in Einklang zu bringen.

Fische (19. Februar - 20. März)

- **Januar**: Kreative Inspiration fließt. Dies ist eine hervorragende Zeit, um sich künstlerischen Aktivitäten zu widmen. Ob Malerei, Schreiben, Musik oder eine andere Kunstform, Ihre Kreativität erreicht einen Höhepunkt.
- **Februar**: Emotionale Verbindungen vertiefen sich. Verbringen Sie qualitativ hochwertige Zeit mit Ihren Liebsten. Es ist eine Zeit, um Ihre Beziehungen zu stärken und tiefere Bindungen zu formen.

- **März**: Konzentrieren Sie sich auf persönliches Wachstum und Selbstverbesserung. Erwägen Sie, neue Hobbys zu beginnen oder Fähigkeiten zu erlernen, die zu Ihrer persönlichen Entwicklung beitragen.
- **April**: Karriere und Berufsleben können neue Möglichkeiten bieten. Seien Sie offen für neue Herausforderungen und Projekte, die Ihre beruflichen Bestrebungen voranbringen können.
- **Mai**: Finanzplanung und -management sind wichtig. Überprüfen Sie Ihr Budget, Ihre Ersparnisse und Ihre Anlagepläne. Es ist eine gute Zeit, um fundierte finanzielle Entscheidungen zu treffen.
- **Juni**: Reisemöglichkeiten können sich bieten. Ob zum Vergnügen oder zur Erkundung, Reisen können neue Erfahrungen bieten und Ihren Horizont erweitern.
- **Juli**: Gesundheit und Wellness rücken in den Fokus. Priorisieren Sie Ihr körperliches und geistiges Wohlbefinden. Die Annahme eines neuen Gesundheitsregimes oder einer Diät kann vorteilhaft sein.
- **August**: Kreativität bleibt ein Thema. Verfolgen Sie kreative Projekte und Hobbys, die Ihnen Freude und Erfüllung bringen. Drücken Sie sich frei und künstlerisch aus.
- **September**: Bildung und Lernen werden hervorgehoben. Melden Sie sich für Kurse oder Workshops an, die Sie interessieren. Es ist eine hervorragende Zeit für intellektuelle Expansion.

- **Oktober**: Beziehungen, sowohl romantische als auch platonische, stehen im Mittelpunkt. Wenn Sie Single sind, könnten Sie jemand Besonderes treffen. Für diejenigen in Beziehungen ist dies eine Zeit, um Ihre Verbindung zu pflegen und zu vertiefen.
- **November**: Reflektieren Sie über Ihre persönliche Reise und Errungenschaften. Wenn Ihr Geburtstag näher rückt, überprüfen Sie das vergangene Jahr und setzen Sie Ziele für das kommende.
- **Dezember**: Das Jahr endet mit einem Fokus auf Entspannung und Erholung. Genießen Sie die Feiertagssaison und nehmen Sie sich Zeit, um sich zu entspannen und über die Reise des Jahres nachzudenken.

Diese Vorhersage für Fische im Jahr 2024 deutet auf ein Jahr voller Möglichkeiten für kreativen Ausdruck, persönliches Wachstum und Vertiefung emotionaler Verbindungen hin. Nutzen Sie diese astrologischen Einsichten, um das Jahr zu navigieren und die Chancen für Entwicklung und Selbstentdeckung zu ergreifen.

Wenn Sie diese Vorhersagen lesen, denken Sie daran, dass Astrologie Führung und Perspektive bietet, keine definitiven Antworten. Die Sterne liefern eine Karte, aber die Reise ist einzigartig Ihre. Nutzen Sie diese Einblicke, um Ihr Verständnis der Energien, die jeden Monat im Spiel sind, zu vertiefen, und gehen Sie das Jahr mit Zuversicht und Abenteuerlust an.

Schwerpunkte: Liebe, Karriere, Gesundheit, Wohlbefinden

Widder (21. März - 19. April)

- **Liebe**: Möglichkeiten für neue romantische Begegnungen und Vertiefung bestehender Beziehungen, besonders im Frühling und Sommer.
- **Karriere**: Potenzial für signifikante Karrierefortschritte, insbesondere um die Mitte des Jahres. Bleiben Sie proaktiv bei der Suche nach neuen Möglichkeiten.
- **Gesundheit**: Wichtig ist, körperliche Aktivität mit Entspannung auszugleichen, um optimale Gesundheit zu erhalten. Achtsamkeitspraktiken können beim Stressmanagement hilfreich sein.
- **Wohlbefinden**: Selbstreflexion und persönliches Wachstum stehen das ganze Jahr über im Vordergrund. Es ist entscheidend, Hobbys und Interessen nachzugehen, die Freude bringen.

Stier (20. April - 20. Mai)

- **Liebe**: Das Jahr bringt einen Fokus auf harmonische und stabile Beziehungen. Die zweite Jahreshälfte könnte tiefere Verbindungen bringen.

- **Karriere**: Möglichkeiten für finanzielles Wachstum und berufliche Entwicklung, besonders in kreativen Bereichen. Networking ist der Schlüssel.
- **Gesundheit**: Betonung einer ausgewogenen Ernährung und regelmäßigen Bewegung. Der Herbst ist ideal, um neue Gesundheitsroutinen zu beginnen.
- **Wohlbefinden**: Die psychische Gesundheit sollte Priorität haben. Praktiken wie Meditation und Yoga können emotionales Gleichgewicht und Frieden bieten.

Zwillinge (21. Mai - 20. Juni)

- **Liebe**: Ein Jahr dynamischer sozialer Interaktionen, die zu romantischen Möglichkeiten führen könnten. Kommunikation in Beziehungen ist entscheidend.
- **Karriere**: Kreative Projekte und kooperative Bemühungen werden begünstigt. Die Mitte des Jahres könnte unerwartete Karrierechancen bringen.
- **Gesundheit**: Schwerpunkt auf psychischer Gesundheit und Aufrechterhaltung eines aktiven Soziallebens für das allgemeine Wohlbefinden.
- **Wohlbefinden**: Reisen und das Erlernen neuer Fähigkeiten können ein Gefühl der Erfüllung und des Glücks bieten.

Krebs (21. Juni - 22. Juli)

- **Liebe**: Emotionalität in Beziehungen ist ein Thema. Das Ende des Jahres könnte besondere Momente in persönlichen Beziehungen bringen.

- **Karriere**: Potenzial für berufliches Wachstum durch Pflege beruflicher Beziehungen. Ein ausgewogener Ansatz zwischen Arbeit und Leben ist wesentlich.
- **Gesundheit**: Priorisierung von Selbstfürsorge und psychischer Gesundheit, besonders in stressigen Zeiten.
- **Wohlbefinden**: Heim und Familienleben bieten Komfort und Stabilität. Das Engagement in häuslichen Aktivitäten kann das allgemeine Glück steigern.

Löwe (23. Juli - 22. August)

- **Liebe**: Ein lebendiges Sozialleben führt zu aufregenden romantischen Aussichten. Bestehende Beziehungen können positive Veränderungen erfahren.
- **Karriere**: Führungsrollen und kreative Projekte werden hervorgehoben. Der spätere Teil des Jahres könnte Aufstiegsmöglichkeiten bieten.
- **Gesundheit**: Regelmäßige körperliche Aktivität ist wichtig, um den Energielevel aufrechtzuerhalten. Outdoor-Aktivitäten können besonders vorteilhaft sein.
- **Wohlbefinden**: Kreativer Ausdruck und das Engagement in Freizeitaktivitäten steigern Glück und persönliche Zufriedenheit.

Jungfrau (23. August - 22. September)

- **Liebe**: Beziehungen erfordern offene Kommunikation und Verständnis. Die Frühlingsmonate sind günstig für Romantik.

- **Karriere**: Schwerpunkt auf Detailgenauigkeit und Organisation führt zu beruflichem Erfolg. Finanzplanung ist das ganze Jahr über entscheidend.
- **Gesundheit**: Stressmanagement und vorbeugende Gesundheitsmaßnahmen sind wichtig.
- **Wohlbefinden**: Intellektuelle Beschäftigungen und Hobbys, die Konzentration erfordern, können ein Gefühl der Leistung und mentalen Stimulation bieten.

Waage (23. September - 22. Oktober)

- **Liebe**: Ein Jahr für den Aufbau und die Stärkung von Beziehungen. Spätsommer und Frühherbst sind besonders günstig für Romantik.
- **Karriere**: Gemeinschaftliche Projekte und Partnerschaften sind erfolgreich. Ausgewogenheit zwischen Beruf und Privatleben ist ein Schlüsselthema.
- **Gesundheit**: Betonung auf einem ausgewogenen Lebensstil und psychischem Wohlbefinden.
- **Wohlbefinden**: Gesellschaftliche Aktivitäten und kulturelle Veranstaltungen steigern das Glück und bieten ein Zugehörigkeitsgefühl.

Skorpion (23. Oktober - 21. November)

- **Liebe**: Tiefe emotionale Verbindungen sind möglich. Spätes 2024 ist bedeutend für romantische Entwicklungen.

- **Karriere**: Möglichkeiten für Transformation und Wachstum in Ihrer Karriere, besonders durch die Umarmung von Veränderungen.
- **Gesundheit**: Intensive Arbeitsperioden erfordern Aufmerksamkeit für körperliche Gesundheit und Entspannung.
- **Wohlbefinden**: Private Zeit und Introspektion sind entscheidend für persönliches Wachstum und Verständnis.

Schütze (22. November - 21. Dezember)

- **Liebe**: Abenteuer und Reisen können zu romantischen Möglichkeiten führen. Das Jahr ist günstig, um neue Beziehungen zu erkunden oder bestehende wiederzubeleben.
- **Karriere**: Wachstumsmöglichkeiten durch das Erlernen und Erweitern von Fähigkeiten. Spätes Jahr könnte wichtige Karriereentscheidungen bringen.
- **Gesundheit**: Outdoor-Aktivitäten und Abenteuersport können vorteilhaft sein.
- **Wohlbefinden**: Das Erkunden neuer Kulturen und Philosophien trägt zu einem Gefühl des Glücks und der Erfüllung bei.

Steinbock (22. Dezember - 19. Januar)

- **Liebe**: Stabilität und Engagement in Beziehungen sind Themen. Das Jahresende könnte bedeutende Entwicklungen in persönlichen Beziehungen bringen.

- **Karriere**: Harte Arbeit zahlt sich aus, möglicherweise mit Beförderungen oder Anerkennung. Konstanz und Hingabe sind entscheidend.
- **Gesundheit**: Stressbewältigung durch Achtsamkeit und Zeitmanagement. Regelmäßige Bewegung ist ebenfalls wichtig.
- **Wohlbefinden**: Zeit für Entspannung und Hobbys ist wesentlich für ein ausgeglichenes Leben.

Wassermann (20. Januar - 18. Februar)

- **Liebe**: Offene Kommunikation und Ehrlichkeit in Beziehungen sind wichtig. Mitte des Jahres könnte neue romantische Interessen bringen.
- **Karriere**: Innovative Ideen und einzigartige Ansätze führen zu beruflichem Erfolg. Zusammenarbeit mit Gleichgesinnten ist vorteilhaft.
- **Gesundheit**: Psychische Gesundheit und soziale Interaktionen sind wichtig für das allgemeine Wohlbefinden.
- **Wohlbefinden**: Das Engagement in der Gemeinschaft und humanitären Aktivitäten bietet ein Gefühl von Zweck und Zufriedenheit.

Fische (19. Februar - 20. März)

- **Liebe**: Das Jahr ist günstig für tiefe, seelenvolle Verbindungen in Beziehungen. Emotionales Verständnis und Empathie sind entscheidend.

- **Karriere**: Kreative Talente können zu beruflichen Möglichkeiten führen. Mitte 2024 ist bedeutend für Karriereentscheidungen.
- **Gesundheit**: Ausgleich von emotionaler Gesundheit mit körperlichem Wohlbefinden. Aktivitäten wie Schwimmen oder Tanzen können besonders angenehm sein.
- **Wohlbefinden**: Künstlerischer Ausdruck und spirituelle Praktiken fördern persönliches Wachstum und Glück.

Diese Vorhersagen bieten einen allgemeinen Leitfaden für jedes Sternzeichen im Jahr 2024, mit Schwerpunkt auf Liebe, Karriere, Gesundheit und Wohlbefinden. Wie bei jeder astrologischen Vorhersage unterliegen sie individueller Interpretation und äußeren Faktoren.

Ratschläge für Herausforderungen und Chancen

Widder (21. März - 19. April)

- **Herausforderungen**: Umgang mit beruflichem Wettbewerb; Impulsivität managen.
- **Chancen**: Führungsrollen; Initiierung neuer Projekte.
- **Ratschlag**: Nutzen Sie Ihre natürlichen Führungsqualitäten, üben Sie sich aber in Geduld und strategischer Planung.

Stier (20. April - 20. Mai)

- **Herausforderungen**: Anpassung an Veränderungen; Finanzmanagement.
- **Chancen**: Vertiefung persönlicher Beziehungen; berufliches Wachstum in kreativen Bereichen.
- **Ratschlag**: Seien Sie offen für neue Ideen und bleiben Sie flexibel in Ihrem Ansatz sowohl im persönlichen als auch im beruflichen Leben.

Zwillinge (21. Mai - 20. Juni)

- **Herausforderungen**: Aufrechterhaltung des Fokus; Entscheidungsfindung in Beziehungen.
- **Chancen**: Networking; kreative Zusammenarbeit.
- **Ratschlag**: Nutzen Sie Ihre ausgezeichneten Kommunikationsfähigkeiten, um starke Verbindungen aufzubauen und Ihre Ziele zu klären.

Krebs (21. Juni - 22. Juli)

- **Herausforderungen**: Balance zwischen Arbeit und Privatleben; Überwindung emotionaler Unsicherheiten.
- **Chancen**: Stärkung der Familienbande; berufliche Fortschritte.
- **Ratschlag**: Priorisieren Sie Selbstfürsorge und scheuen Sie sich nicht, Ihre Bedürfnisse sowohl zu Hause als auch bei der Arbeit zu äußern.

Löwe (23. Juli - 22. August)

- **Herausforderungen**: Umgang mit Ego-Konflikten; Balance zwischen Arbeit und Privatleben.
- **Chancen**: Romantische Beziehungen; kreative Projekte.
- **Ratschlag**: Erkennen Sie den Wert der Zusammenarbeit und die Bedeutung der Pflege persönlicher Beziehungen neben beruflichen.

Jungfrau (23. August - 22. September)

- **Herausforderungen**: Perfektionismus; Stressmanagement.
- **Chancen**: Entwicklung von Fähigkeiten; effiziente Arbeitsmethoden.
- **Ratschlag**: Nehmen Sie einen flexibleren Ansatz an und konzentrieren Sie sich auf praktische Lösungen, ohne sich in Details zu verlieren.

Waage (23. September - 22. Oktober)

- **Herausforderungen**: Entscheidungsfindung; Aufrechterhaltung der Harmonie in Beziehungen.
- **Chancen**: Aufbau neuer Partnerschaften; künstlerische Bestrebungen.
- **Ratschlag**: Vertrauen Sie auf Ihre Instinkte bei Entscheidungen und suchen Sie Ausgewogenheit zwischen dem Wunsch, anderen zu gefallen, und der Durchsetzung Ihrer Bedürfnisse.

Skorpion (23. Oktober - 21. November)

- **Herausforderungen**: Intensive Emotionen; Machtkämpfe in Beziehungen.
- **Chancen**: Tiefe emotionale Verbindungen; transformative persönliche Entwicklung.
- **Ratschlag**: Üben Sie Offenheit und Verletzlichkeit in Beziehungen und nutzen Sie Ihre Intuition, um komplexe Situationen zu navigieren.

Schütze (22. November - 21. Dezember)

- **Herausforderungen**: Rastlosigkeit; Überverpflichtung.
- **Chancen**: Reisen; Bildungsbestrebungen.
- **Ratschlag**: Konzentrieren Sie sich darauf, realistische Ziele zu setzen, und kanalisieren Sie Ihre Energie in sinnvolle Abenteuer und Lernprozesse.

Steinbock (22. Dezember - 19. Januar)

- **Herausforderungen**: Workaholismus; Widerstand gegen Veränderungen.
- **Chancen**: Berufliche Errungenschaften; finanzielle Stabilität.
- **Ratschlag**: Seien Sie flexibel und innovativ in Ihrer Karriere und erinnern Sie sich an den Wert der Work-Life-Balance.

Wassermann (20. Januar - 18. Februar)

- **Herausforderungen**: Sich missverstanden fühlen; Aufrechterhaltung der Individualität in Beziehungen.
- **Chancen**: Engagement in der Gemeinschaft; innovative Projekte.
- **Ratschlag**: Kommunizieren Sie Ihre einzigartigen Ideen effektiv und suchen Sie Kooperationen, die mit Ihren Werten übereinstimmen.

Fische (19. Februar - 20. März)

- **Herausforderungen**: Emotionale Sensibilität; Grenzen setzen.
- **Chancen**: Künstlerischer Ausdruck; spirituelles Wachstum.
- **Ratschlag**: Nutzen Sie kreative Aktivitäten als Ventil für Ihre Emotionen und suchen Sie Verbindungen, die spirituell erfüllend sind.

Diese Vorhersagen bieten maßgeschneiderte Ratschläge für jedes Sternzeichen und helfen dabei, die spezifischen Herausforderungen des Jahres 2024 zu meistern und die sich bietenden Chancen optimal zu nutzen. Denken Sie daran, diese Einsichten dienen dazu, Sie zu leiten und zu ermächtigen, Entscheidungen zu treffen, die mit Ihrer persönlichen Reise und Ihrem Wachstum übereinstimmen.

Kapitel 3: Liebe und Beziehungen

Analyse der Liebeskompatibilitäten zwischen Sternzeichen

Im Jahr 2024 bringt der kosmische Tanz der Planeten eine einzigartige Reihe von Einflüssen in den Bereich der Liebe und Beziehungen. Das Verständnis der Kompatibilitäten zwischen den Sternzeichen kann Individuen zu harmonischeren und erfüllenderen Interaktionen führen. Dieses Kapitel vertieft sich in die Nuancen dieser astrologischen Verbindungen und bietet Einblicke in die Dynamik verschiedener Paarungen.

Widder und Waage

- **Dynamik**: Widders Kühnheit harmoniert mit Waages Streben nach Harmonie. Dieses Jahr betont eine Mischung aus Leidenschaft und Diplomatie in ihren Interaktionen.
- **Herausforderung**: Widders Ungeduld könnte mit Waages Unentschlossenheit kollidieren, während Waage von Widders Intensität überwältigt sein könnte.
- **Stärke**: Gegenseitiger Respekt und Bewunderung, wobei Widder Waages Fairness und Waage Widders Mut schätzt.

Stier und Skorpion

- **Dynamik**: Ihre gegensätzlichen Naturen schaffen eine magnetische Anziehung. Stiers Stabilität ergänzt Skorpions Tiefe im Jahr 2024.
- **Herausforderung**: Stiers Widerstand gegen Veränderung kann mit Skorpions transformativer Natur in Konflikt stehen.
- **Stärke**: Ein tiefes, unausgesprochenes Verständnis und ein gemeinsamer Wert für Loyalität und Engagement.

Zwillinge und Schütze

- **Dynamik**: Beide Zeichen suchen geistige Anregung, was ihre Verbindung geistig belebend macht. 2024 verstärkt ihre gemeinsame Liebe für Abenteuer und Lernen.
- **Herausforderung**: Zwillings Launenhaftigkeit kann mit Schützes Suche nach tieferer Bedeutung kollidieren.
- **Stärke**: Eine Beziehung voller lebhafter Gespräche, Lachen und gegenseitigem Wachstum.

Krebs und Steinbock

- **Dynamik**: Krebs' emotionale Tiefe findet Bodenhaftung in Steinbocks Pragmatismus. In diesem Jahr festigt sich ihre Bindung, während sie gemeinsam die praktischen und emotionalen Aspekte des Lebens navigieren.
- **Herausforderung**: Krebs' Sensibilität könnte mit Steinbocks Stoizismus in Konflikt stehen.

- **Stärke**: Eine tröstende und unterstützende Partnerschaft, die emotionale Wärme und praktische Unterstützung bietet.

Löwe und Wassermann

- **Dynamik**: Löwes Flair und Wassermanns Einzigartigkeit schaffen eine dynamische und unkonventionelle Paarung. In 2024 gedeiht ihre Beziehung durch gegenseitigen Respekt für die Individualität des anderen.
- **Herausforderung**: Löwes Bedürfnis nach Aufmerksamkeit könnte mit Wassermanns Unabhängigkeitsstreben in Konflikt stehen.
- **Stärke**: Eine Partnerschaft, die Kreativität, Freiheit und Respekt für persönlichen Raum feiert.

Jungfrau und Fische

- **Dynamik**: Jungfraus Praktikabilität harmoniert gut mit Fisches Träumerischem, was eine ausgeglichene und nährende Beziehung im Jahr 2024 schafft.
- **Herausforderung**: Jungfraus Kritik kann Fisches spirituelle und emotionale Ausdrucksformen dämpfen.
- **Stärke**: Ergänzende Stärken, wobei Jungfrau geerdete Unterstützung bietet und Fische Kreativität und Empathie einbringt.

Im Jahr 2024 bietet die astrologische Landschaft einen reichen Teppich für die Erforschung von Liebe und Beziehungsdynamiken. Durch das Verständnis und die

Akzeptanz der einzigartigen Eigenschaften jeder Sternzeichenpaarung können Individuen tiefere Verbindungen fördern und die Gewässer der Romantik mit größerem Bewusstsein und Empathie navigieren.

Gesunde und erfüllende Beziehungen pflegen

Während die Himmelskörper ihren Weg am Himmel fortsetzen, bringt das Jahr 2024 einzigartige Herausforderungen und Möglichkeiten im Bereich Liebe und Beziehungen für jedes Sternzeichen. Hier ist ein maßgeschneiderter Rat, um das ganze Jahr über gesunde und erfüllende Beziehungen zu pflegen:

Widder (21. März - 19. April)

- **Ratschlag**: Üben Sie sich in Geduld und aktivem Zuhören in Beziehungen. Ihr natürlicher Impuls kann durch Verständnis und Berücksichtigung der Perspektive Ihres Partners gemildert werden.

Stier (20. April - 20. Mai)

- **Ratschlag**: Umarmen Sie Flexibilität in Ihren Beziehungen. Auch wenn Ihr Wunsch nach Stabilität stark ist, seien Sie offen für neue Erfahrungen und Veränderungen, die Ihr Partner bringt.

Zwillinge (21. Mai - 20. Juni)

- **Ratschlag**: Kommunikation ist Ihre Stärke, aber stellen Sie sicher, dass es ein gegenseitiger Austausch ist. Achten Sie auf die Bedürfnisse Ihres Partners und seien Sie offen im Ausdrücken Ihrer eigenen.

Krebs (21. Juni - 22. Juli)

- **Ratschlag**: Erlauben Sie Verletzlichkeit in Ihren Beziehungen. Das Teilen Ihrer Gefühle kann Verbindungen vertiefen, aber stellen Sie auch sicher, dass Sie gesunde Grenzen setzen.

Löwe (23. Juli - 22. August)

- **Ratschlag**: Balancieren Sie Ihr Bedürfnis nach Aufmerksamkeit mit dem Ihres Partners. Zeigen Sie Wertschätzung und sorgen Sie dafür, dass sich Ihr Partner wertgeschätzt und gehört fühlt.

Jungfrau (23. August - 22. September)

- **Ratschlag**: Lassen Sie Perfektionismus in Beziehungen los. Akzeptieren Sie Unvollkommenheiten sowohl bei sich selbst als auch bei Ihrem Partner und konzentrieren Sie sich darauf, eine unterstützende und verständnisvolle Bindung aufzubauen.

Waage (23. September - 22. Oktober)

- **Ratschlag**: Suchen Sie Ausgewogenheit zwischen Ihren Bedürfnissen und denen Ihres Partners. Vermeiden Sie es, Ihr eigenes Glück für den Zweck der Harmonie zu opfern.

Skorpion (23. Oktober - 21. November)

- **Ratschlag**: Vertrauen und Offenheit sind der Schlüssel. Arbeiten Sie daran, Vertrauen aufzubauen, und lassen Sie nicht zu, dass Eifersucht oder Besitzansprüche Ihre Beziehungen untergraben.

Schütze (22. November - 21. Dezember)

- **Ratschlag**: Respektieren Sie Ihr Bedürfnis nach Freiheit und Abenteuer, aber verpflichten Sie sich auch, in Ihren Beziehungen präsent und engagiert zu sein.

Steinbock (22. Dezember - 19. Januar)

- **Ratschlag**: Nehmen Sie sich Zeit für Ihre Beziehungen trotz Ihres vollen Terminkalenders. Zeigen Sie Ihren Liebsten, dass sie durch Ihre Handlungen und Ihr Engagement Priorität haben.

Wassermann (20. Januar - 18. Februar)

- **Ratschlag**: Auch wenn Sie Ihre Unabhängigkeit schätzen, denken Sie daran, dass Teilen und Zusammengehörigkeit in einer Beziehung ebenso entscheidend sind. Balancieren Sie Ihre Individualität mit den Bedürfnissen Ihres Partners.

Fische (19. Februar - 20. März)

- **Ratschlag**: Bleiben Sie geerdet und kommunizieren Sie Ihre Bedürfnisse klar. Ihre Empathie ist ein Geschenk, aber stellen Sie sicher, dass Sie sich nicht verlieren, während Sie sich um die Bedürfnisse Ihres Partners kümmern.

In 2024 hat jedes Sternzeichen die Möglichkeit, seine Beziehungen zu wachsen und zu stärken. Indem Sie diese individuellen Ratschläge verstehen und umsetzen, können Sie an der Pflege gesünderer, erfüllenderer Verbindungen mit Ihren Lieben arbeiten. Denken Sie daran, Beziehungen basieren auf gegenseitigem Respekt, Verständnis und Wachstum, und dieses Jahr bietet die perfekte Leinwand, um eine wunderschöne Liebesgeschichte zu malen.

Zeiten für Begegnungen und Beziehungsentscheidungen

Die kosmische Landschaft des Jahres 2024 bietet spezifische Zeiträume, die besonders günstig für das Entstehen neuer romantischer Begegnungen oder das Treffen bedeutender Entscheidungen in Beziehungen sind. Lassen Sie uns diese günstigen Zeiten für jedes Sternzeichen erkunden:

Widder (21. März - 19. April)

- **Neue Begegnungen**: Mitte März bis Ende April ist eine lebendige Zeit für Widder, um jemanden Neues zu treffen, da ihr Charisma und ihre Energie auf dem Höhepunkt sind.
- **Wichtige Entscheidungen**: Ende September bis Mitte Oktober ist ideal, um wichtige Beziehungsentscheidungen mit Schwerpunkt auf Engagement und Zukunftsplanung zu treffen.

Stier (20. April - 20. Mai)

- **Neue Begegnungen**: Anfang Mai bringt eine erhöhte Sinnlichkeit und Attraktivität, was es zu einer hervorragenden Zeit für Stier macht, einen neuen Partner anzuziehen.
- **Wichtige Entscheidungen**: Mitte November ist ein Zeitraum der Stabilität, in dem Stier weise

Entscheidungen über die Richtung ihrer Beziehungen treffen kann.

Zwillinge (21. Mai - 20. Juni)

- **Neue Begegnungen**: Ende Juni, wenn soziale Aktivitäten hoch sind, bietet Zwillingen die perfekte Umgebung, um jemand Besonderes zu treffen.
- **Wichtige Entscheidungen**: Anfang August ist eine Zeit der Klarheit für Zwillinge, ideal, um Entscheidungen über das Vorantreiben einer Beziehung zu treffen.

Krebs (21. Juni - 22. Juli)

- **Neue Begegnungen**: Mitte Juli ist Krebs' Charme unwiderstehlich, was es zu einer großartigen Zeit macht, eine neue Romanze zu beginnen.
- **Wichtige Entscheidungen**: Ende Oktober bietet eine reflektive Periode für Krebs, um über die Zukunft ihrer Beziehungen nachzudenken.

Löwe (23. Juli - 22. August)

- **Neue Begegnungen**: Anfang August, wenn Löwes Magnetismus am stärksten ist, ist perfekt, um neue Liebesinteressen anzuziehen.
- **Wichtige Entscheidungen**: Im Dezember kann Löwe wichtige Beziehungsentscheidungen mit Zuversicht und Klarheit treffen.

Jungfrau (23. August - 22. September)

- **Neue Begegnungen**: September, besonders um ihren Geburtstag herum, ist eine Zeit der Erneuerung und neuer Anfänge in der Liebe für Jungfrau.
- **Wichtige Entscheidungen**: Anfang Januar 2025 (immer noch relevant für den astrologischen Zyklus 2024) bietet eine Periode des praktischen Denkens für Jungfrau, um Schlüsselbeziehungsentscheidungen zu treffen.

Waage (23. September - 22. Oktober)

- **Neue Begegnungen**: Mitte Oktober, wenn Waages Anziehungskraft auf ihrem Höhepunkt ist, ist eine vielversprechende Zeit für neue romantische Interessen.
- **Wichtige Entscheidungen**: Ende März 2025 bietet eine ausgewogene Perspektive für Waage, um wichtige liebesbezogene Entscheidungen zu treffen.

Skorpion (23. Oktober - 21. November)

- **Neue Begegnungen**: Anfang November bringt eine intensive Anziehungskraft für Skorpion, was die Chancen für leidenschaftliche Begegnungen erhöht.
- **Wichtige Entscheidungen**: Mitte Februar ist eine Zeit für tiefe Introspektion, die es Skorpion ermöglicht, einsichtsvolle Entscheidungen über ihre Beziehungen zu treffen.

Schütze (22. November - 21. Dezember)

- **Neue Begegnungen**: Ende Dezember könnte Schütze eine neue romantische Reise beginnen, da ihr abenteuerlicher Geist potenzielle Partner anzieht.
- **Wichtige Entscheidungen**: Anfang April ist eine Zeit des Optimismus und der Weitsicht, perfekt für Schütze, um Entscheidungen über ihr Liebesleben zu treffen.

Steinbock (22. Dezember - 19. Januar)

- **Neue Begegnungen**: Januar, mit der Energie des Neujahrs, ist eine Zeit für Steinbock, jemanden zu treffen, der ihre Ambitionen und Werte teilt.
- **Wichtige Entscheidungen**: Mitte Mai bietet ein stabiles und praktisches Mindset für Steinbock, um langanhaltende Beziehungsentscheidungen zu treffen.

Wassermann (20. Januar - 18. Februar)

- **Neue Begegnungen**: Ende Februar ist ein Zeitraum der Offenheit und sozialen Teilnahme, ideal für Wassermann, um neue Verbindungen zu knüpfen.
- **Wichtige Entscheidungen**: Ende Juli ist eine Zeit des Selbstbewusstseins und der Einsicht, die Wassermann hilft, informierte Entscheidungen in ihren Beziehungen zu treffen.

Fische (19. Februar - 20. März)

- **Neue Begegnungen**: Anfang März ist Fische besonders romantisch und einfühlsam, was das Anziehen potenzieller Partner erleichtert.
- **Wichtige Entscheidungen**: Mitte September ermöglicht es Fische, ihre Intuition und emotionale Intelligenz zu nutzen, um tiefgreifende Beziehungsentscheidungen zu treffen.

Das Jahr 2024 ist reich an Möglichkeiten für alle Sternzeichen, entweder neue romantische Wege zu beschreiten oder bestehende Beziehungen zu stärken. Das Verständnis dieser günstigen Zeiten hilft dabei, sich mit den kosmischen Rhythmen zu synchronisieren und potenziell zu erfüllenderen Liebeserfahrungen zu führen.

Kapitel 4: Karriere und Finanzen

Prognosen für Karriere und Finanzen

Während wir durch die astrologischen Gezeiten des Jahres 2024 navigieren, spielt die Ausrichtung der Sterne und Planeten eine bedeutende Rolle bei der Gestaltung beruflicher Pfade und finanzieller Landschaften. Dieses Kapitel bietet Einblicke in das Potenzial für beruflichen Aufstieg und finanziellen Wohlstand für jedes Sternzeichen.

Widder (21. März - 19. April)

- **Karriere**: Ein Jahr für mutige Initiativen und Führung. Gelegenheiten, neue Herausforderungen anzunehmen, die Sie ins Rampenlicht rücken.
- **Finanzen**: Kluge Investitionen, besonders in persönliche Projekte oder unternehmerische Vorhaben, könnten erhebliche Renditen bringen.

Stier (20. April - 20. Mai)

- **Karriere**: Stetiger Fortschritt in bestehenden Rollen. 2024 bringt vielleicht keine drastischen Veränderungen, aber konstante Leistung führt zu Anerkennung und möglichen Beförderungen.

- **Finanzen**: Stabiles finanzielles Wachstum mit Schwerpunkt auf Sparen und Vermögensaufbau. Investitionen in Immobilien könnten günstig sein.

Zwillinge (21. Mai - 20. Juni)

- **Karriere**: Ein Jahr für Zwillinge, um ihre Anpassungsfähigkeit und Kommunikationsfähigkeiten zu nutzen. Neue Partnerschaften und kollaborative Projekte sind wahrscheinlich.
- **Finanzen**: Diversifizieren Sie Ihr Anlageportfolio. Unerwartete finanzielle Gewinne sind möglich durch Networking.

Krebs (21. Juni - 22. Juli)

- **Karriere**: Wachstum kommt von der Pflege beruflicher Beziehungen. Gelegenheiten, Projekte zu leiten, die emotionale Intelligenz und eine persönliche Note erfordern.
- **Finanzen**: Fokus auf finanzielle Sicherheit. Langfristige Investitionen und Sparpläne werden vorteilhaft sein.

Löwe (23. Juli - 22. August)

- **Karriere**: Eine Chance, im Berufsleben zu glänzen. Kreative Projekte und Rollen, die Führung erfordern, werden erfolgreich sein.
- **Finanzen**: Gutes Jahr für Investitionen in den Aktienmarkt und Unterhaltungsindustrien.

Jungfrau (23. August - 22. September)

- **Karriere**: Nutzen Sie Ihre analytischen Fähigkeiten und Ihre Liebe zum Detail. Karrierefortschritte sind wahrscheinlich in Bereichen, die Präzision und Effizienz erfordern.
- **Finanzen**: Eine disziplinierte Herangehensweise an die Finanzplanung zahlt sich aus. Potenzielle Gewinne aus Investitionen in Technologie- und Gesundheitssektoren.

Waage (23. September - 22. Oktober)

- **Karriere**: Gemeinschaftliche Bemühungen und Partnerschaften gedeihen. Diplomatie am Arbeitsplatz führt zu fruchtbaren Ergebnissen.
- **Finanzen**: Ausgewogene Finanzplanung ist der Schlüssel. Suchen Sie nach Möglichkeiten in Kunst- und Design-bezogenen Feldern.

Skorpion (23. Oktober - 21. November)

- **Karriere**: Intensiver Fokus und Entschlossenheit bringen Erfolg in herausfordernden Projekten. Potenzial für eine bedeutende Karrieretransformation.
- **Finanzen**: Seien Sie vorsichtig mit Investitionen. Forschen Sie gründlich, bevor Sie finanzielle Entscheidungen treffen.

Schütze (22. November - 21. Dezember)

- **Karriere**: Ein Jahr der Erkundung und Erweiterung. Gelegenheiten für Reisen und Lernen, die Ihr Berufsleben verbessern können.
- **Finanzen**: Überlegen Sie, in Bildung oder reisebezogene Bereiche zu investieren. Seien Sie vorsichtig bei impulsiven Ausgaben.

Steinbock (22. Dezember - 19. Januar)

- **Karriere**: Harte Arbeit führt zu erheblichem Fortschritt und möglicherweise zu höheren Positionen. Networking mit einflussreichen Personen ist vorteilhaft.
- **Finanzen**: Starkes Potenzial für finanzielles Wachstum. Investitionen in traditionelle und stabile Märkte sind bevorzugt.

Wassermann (20. Januar - 18. Februar)

- **Karriere**: Innovationen und unkonventionelle Ideen sind Ihre Schlüssel zum Erfolg. Suchen Sie nach Gelegenheiten in Spitzentechnologien oder humanitären Projekten.
- **Finanzen**: Unkonventionelle Investitionen könnten profitabel sein. Bleiben Sie über Markttrends informiert.

Fische (19. Februar - 20. März)

- **Karriere**: Kreative und mitfühlende Rollen sind bevorzugt. Gelegenheiten, in künstlerischen, heilenden oder karitativen Berufen zu arbeiten.
- **Finanzen**: Konzentrieren Sie sich auf Finanzplanung, die mit Ihren Werten übereinstimmt. Ethische Investitionen könnten sowohl persönliche Zufriedenheit als auch monetäre Gewinne bringen.

Für jedes Sternzeichen präsentiert das Jahr 2024 eine einzigartige Reihe kosmischer Einflüsse, die berufliche Unternehmungen und finanzielle Angelegenheiten beeinflussen. Indem Sie sich auf diese astrologischen Einsichten einstimmen, können Sie Ihren beruflichen Weg und Ihre finanziellen Entscheidungen mit größerem Bewusstsein und Potenzial für Erfolg navigieren.

Günstige Zeiten für Projektstarts oder Investitionen

In der sich ständig verändernden kosmischen Landschaft des Jahres 2024 zeichnen sich bestimmte Perioden als besonders günstig für die Initiierung neuer Projekte oder strategischer Investitionen ab. Dieses Kapitel hebt diese günstigen Momente für jedes Sternzeichen hervor und hilft bei der Planung von Schlüsselbewegungen in Karriere und Finanzen.

Widder (21. März - 19. April)

- **Projektstart**: Ende März bis Anfang April ist eine kraftvolle Zeit für Widder, um neue Unternehmungen zu starten. Mars bringt Energie und Antrieb für Ihre Vorhaben.
- **Investition**: Mitte Mai bietet vielversprechende Gelegenheiten für Investitionen, insbesondere in Branchen, die Innovation und Mut verlangen.

Stier (20. April - 20. Mai)

- **Projektstart**: Anfang Juni ist ideal für Stier, um neue Projekte zu starten, besonders solche, die einen beständigen und methodischen Ansatz erfordern.
- **Investition**: Ende Juli bis Anfang August ist ein ausgezeichneter Zeitraum für langfristige Investitionen, insbesondere in Immobilien oder traditionelle Märkte.

Zwillinge (21. Mai - 20. Juni)

- **Projektstart**: Mitte Juli bietet ein Zeitfenster für Zwillinge, um Projekte zu starten, die Kommunikationsfähigkeiten und Networking erfordern.
- **Investition**: Anfang September ist günstig für Investitionen in Technologie und soziale Medien.

Krebs (21. Juni - 22. Juli)

- **Projektstart**: Ende August ist eine förderliche Zeit für Krebs, um Projekte zu beginnen, insbesondere solche, die mit Heimarbeit oder Familienunternehmen verbunden sind.
- **Investition**: Mitte Oktober ist optimal für Investitionen in sichere und stabile Vermögenswerte.

Löwe (23. Juli - 22. August)

- **Projektstart**: Anfang September, wenn Ihr Charisma auf dem Höhepunkt ist, ist ideal für Löwen, um kreative oder unterhaltungsbezogene Projekte zu starten.
- **Investition**: Ende November bietet günstige Gelegenheiten für Investitionen in den Aktienmarkt oder Luxusgüter.

Jungfrau (23. August - 22. September)

- **Projektstart**: Mitte September ist eine Hauptzeit für Jungfrau, um Projekte zu starten, die von Ihrer analytischen und detailorientierten Natur profitieren.
- **Investition**: Anfang Dezember ist vorteilhaft für Investitionen in Gesundheits- und Dienstleistungsbranchen.

Waage (23. September - 22. Oktober)

- **Projektstart**: Ende Oktober, in der Waage-Saison, ist perfekt für die Initiierung künstlerischer oder partnerschaftsbasierter Projekte.
- **Investition**: Mitte Januar 2025 präsentiert sich als Gelegenheit für rentable Investitionen, insbesondere in Kunst und justizbezogene Bereiche.

Skorpion (23. Oktober - 21. November)

- **Projektstart**: Anfang November ist eine kraftvolle Zeit für Skorpione, um Vorhaben zu beginnen, die Intensität und Transformation erfordern.
- **Investition**: Ende Februar 2025 ist ein günstiger Zeitraum für Investitionen in Forschung und Entwicklung oder mysterienbezogene Bereiche.

Schütze (22. November - 21. Dezember)

- **Projektstart**: Mitte Dezember, in Einklang mit Ihrem abenteuerlichen Geist, ist hervorragend für den Start von Reise- oder Bildungsprojekten.
- **Investition**: Anfang März 2025 ist günstig für Investitionen in ausländische Märkte oder im Verlagswesen.

Steinbock (22. Dezember - 19. Januar)

- **Projektstart**: Januar, mit der Energie des Neujahrs, ist eine starke Zeit für Steinböcke, um neue

Geschäftsunternehmungen oder Unternehmensprojekte zu starten.

- **Investition**: Ende April ist förderlich für Investitionen, insbesondere in traditionellen Branchen und Staatsanleihen.

Wassermann (20. Januar - 18. Februar)

- **Projektstart**: Anfang Februar, in der Wassermann-Saison, ist ideal für innovative Projekte oder technologiebezogene Unternehmungen.
- **Investition**: Mitte Mai ist ein günstiger Zeitpunkt für Investitionen in Start-ups oder unkonventionelle Märkte.

Fische (19. Februar - 20. März)

- **Projektstart**: Ende März, in Einklang mit Ihren kreativen und einfühlsamen Eigenschaften, ist perfekt für den Start künstlerischer oder heilender Projekte.
- **Investition**: Anfang Juni bietet günstige Bedingungen für Investitionen in Kunst, spirituelle Bereiche oder wasserbezogene Industrien.

Für jedes Sternzeichen bietet 2024 spezifische Zeiträume, in denen die Sterne günstig für den Start neuer Unternehmungen oder das Treffen weiser finanzieller Entscheidungen stehen. Indem Sie Ihre Aktionen mit diesen günstigen Intervallen synchronisieren, können Sie die Wahrscheinlichkeit von Erfolg und Wohlstand in Ihren beruflichen und finanziellen Bemühungen erhöhen.

Geldmanagement-Tipps für 2024 basierend auf Ihrem Sternzeichen

Die finanziellen Gewässer des Jahres 2024 erfolgreich zu navigieren erfordert ein gutes Verständnis der eigenen astrologischen Einflüsse. Jedes Sternzeichen hat einzigartige Eigenschaften, die für effektives Geldmanagement und finanziellen Erfolg genutzt werden können. Dieses Kapitel bietet maßgeschneiderte Tipps für jedes Zeichen, um ihre finanzielle Gesundheit im kommenden Jahr zu optimieren.

Widder (21. März - 19. April)

- **Geldmanagement-Tipps**: Setzen Sie auf kühne finanzielle Schritte, aber vermeiden Sie Impulsivität. Betrachten Sie langfristige Investitionen und widerstehen Sie der Versuchung schneller, riskanter Unternehmungen.

Stier (20. April - 20. Mai)

- **Geldmanagement-Tipps**: Ihre natürliche Neigung zur Stabilität dient Ihnen gut. Konzentrieren Sie sich auf den Aufbau eines soliden Sparplans und investieren Sie in greifbare Vermögenswerte wie Immobilien.

Zwillinge (21. Mai - 20. Juni)

- **Geldmanagement-Tipps**: Diversifizieren Sie Ihr Finanzportfolio. Ihre Anpassungsfähigkeit kann in verschiedenen Anlagebereichen zum Erfolg führen, aber achten Sie darauf, Ihre Ressourcen nicht zu stark zu streuen.

Krebs (21. Juni - 22. Juli)

- **Geldmanagement-Tipps**: Sicherheit ist der Schlüssel. Investieren Sie in sichere, langfristige Optionen und schaffen Sie ein finanzielles Sicherheitsnetz. Emotionales Ausgeben sollte genau überwacht werden.

Löwe (23. Juli - 22. August)

- **Geldmanagement-Tipps**: Balancieren Sie Ihre großzügige Natur mit praktischer Finanzplanung. Luxuriöses Ausgeben kann verlockend sein, aber priorisieren Sie Investitionen, die langfristige Renditen bringen.

Jungfrau (23. August - 22. September)

- **Geldmanagement-Tipps**: Nutzen Sie Ihre analytischen Fähigkeiten für Budgetierung und Finanzplanung. Detailorientierte Ansätze bei Investitionen können fruchtbar sein.

Waage (23. September - 22. Oktober)

- **Geldmanagement-Tipps**: Vermeiden Sie Unentschlossenheit in finanziellen Angelegenheiten. Wägen Sie Ihre Optionen sorgfältig ab, aber verpflichten Sie sich zu einer gut durchdachten Finanzstrategie.

Skorpion (23. Oktober - 21. November)

- **Geldmanagement-Tipps**: Vertrauen Sie Ihren Instinkten, aber recherchieren Sie gründlich, bevor Sie wichtige finanzielle Entscheidungen treffen. Betrachten Sie Investitionen, die sowohl Wachstumspotenzial als auch Sicherheit bieten.

Schütze (22. November - 21. Dezember)

- **Geldmanagement-Tipps**: Ihre Liebe zur Freiheit sollte sich nicht in unüberlegten finanziellen Entscheidungen widerspiegeln. Konzentrieren Sie sich auf Sparpläne, die Flexibilität bieten, aber auch Stabilität gewährleisten.

Steinbock (22. Dezember - 19. Januar)

- **Geldmanagement-Tipps**: Ihre disziplinierte Natur ist Ihr größtes Kapital. Investieren Sie in langfristige, wertvolle Vermögenswerte und überprüfen Sie kontinuierlich Ihre Finanzstrategien.

Wassermann (20. Januar - 18. Februar)

- **Geldmanagement-Tipps**: Innovative Finanzstrategien können sich auszahlen. Erkunden Sie unkonventionelle Investitionsmöglichkeiten, aber stellen Sie sicher, dass sie mit Ihren langfristigen finanziellen Zielen übereinstimmen.

Fische (19. Februar - 20. März)

- **Geldmanagement-Tipps**: Schützen Sie sich vor finanziellem Idealismus. Setzen Sie praktische finanzielle Ziele und suchen Sie bei Bedarf professionellen Rat. Betrachten Sie kreative Wege, um Ihr Vermögen zu mehren.

Für jedes Sternzeichen bietet das Jahr 2024 einzigartige Möglichkeiten und Herausforderungen im Bereich der Finanzen. Indem Sie Ihre Geldmanagementstrategien an Ihre astrologischen Stärken und Schwächen anpassen, können Sie das Jahr mit größerer finanzieller Weisheit und Potenzial für Wohlstand navigieren.

Kapitel 5: Gesundheit und Wellness

Wellness-Tipps 2024 für jedes Sternzeichen

Das Jahr 2024 bringt einzigartige Gesundheits- und Wellness-Herausforderungen und -Chancen für jedes Sternzeichen. Das Verständnis und die Ausrichtung auf diese astrologischen Einflüsse können Ihr allgemeines Wohlbefinden erheblich verbessern. Dieses Kapitel bietet spezifische Lebensstil- und Wellness-Tipps, die auf die Bedürfnisse und Tendenzen jedes Zeichens zugeschnitten sind.

Widder (21. März - 19. April)

- **Lebensstil-Tipps**: Integrieren Sie aktivitätsreiche Aktivitäten wie Sport oder Kampfkunst, um Ihre natürliche Dynamik zu kanalisieren.
- **Wellness-Tipps**: Üben Sie Stressabbau-Techniken wie Meditation oder Yoga, um Ihr feuriges Wesen auszugleichen.

Stier (20. April - 20. Mai)

- **Lebensstil-Tipps**: Beschäftigen Sie sich mit Outdoor-Aktivitäten, die Sie mit der Natur verbinden, wie Wandern oder Gärtnern.
- **Wellness-Tipps**: Priorisieren Sie eine ausgewogene Ernährung und regelmäßige Massagen, um körperliches und geistiges Gleichgewicht zu erhalten.

Zwillinge (21. Mai - 20. Juni)

- **Lebensstil-Tipps**: Beziehen Sie soziale Aktivitäten in Ihre Fitnessroutine ein, wie Gruppensport oder Tanzkurse, um engagiert zu bleiben.
- **Wellness-Tipps**: Geistige Stimulation ist entscheidend; versuchen Sie Gehirnspiele oder Rätsel und sorgen Sie für ausreichend erholsamen Schlaf.

Krebs (21. Juni - 22. Juli)

- **Lebensstil-Tipps**: Wasserbasierte Aktivitäten wie Schwimmen können beruhigend und vorteilhaft für Ihr Wohlbefinden sein.
- **Wellness-Tipps**: Emotionale Gesundheit ist der Schlüssel; regelmäßiges Journaling oder Therapiesitzungen können beim Verarbeiten von Gefühlen helfen.

Löwe (23. Juli - 22. August)

- **Lebensstil-Tipps**: Regelmäßige Übungen, besonders Cardio-Workouts, helfen, Ihre Vitalität zu erhalten.
- **Wellness-Tipps**: Führen Sie eine Hautpflegeroutine ein, die Ihre Liebe zur Selbstpflege und zum Genuss widerspiegelt.

Jungfrau (23. August - 22. September)

- **Lebensstil-Tipps**: Aktivitäten, die Präzision erfordern, wie Yoga oder Pilates, passen zu Ihrer detailorientierten Natur.
- **Wellness-Tipps**: Halten Sie eine Ernährung reich an Bio-Lebensmitteln und erwägen Sie regelmäßige Gesundheitsuntersuchungen.

Waage (23. September - 22. Oktober)

- **Lebensstil-Tipps**: Beschäftigen Sie sich mit ästhetisch ansprechenden Fitnessaktivitäten wie Tanz oder Ballett, um mit Ihrer Liebe zur Schönheit in Einklang zu kommen.
- **Wellness-Tipps**: Üben Sie Achtsamkeit und Meditation, um inneres Gleichgewicht und Harmonie zu bewahren.

Skorpion (23. Oktober - 21. November)

- **Lebensstil-Tipps**: Intensive Workouts wie HIIT oder Boxen passen gut zu Ihrem leidenschaftlichen Wesen.
- **Wellness-Tipps**: Entgiftungspraktiken, sei es durch Ernährung oder Aktivitäten wie Saunen, können vorteilhaft sein.

Schütze (22. November - 21. Dezember)

- **Lebensstil-Tipps**: Abenteuersport oder Outdoor-Aktivitäten passen zu Ihrem erkundungslustigen Geist.

- **Wellness-Tipps**: Priorisieren Sie Flexibilität in Ihrer Ernährung und Trainingsroutine, um Ihrem Bedürfnis nach Abwechslung gerecht zu werden.

Steinbock (22. Dezember - 19. Januar)

- **Lebensstil-Tipps**: Strukturierte Trainingsregime und disziplinierte Fitnessziele sind ideal für Ihr ehrgeiziges Wesen.
- **Wellness-Tipps**: Sorgen Sie für ausreichend Entspannung und Freizeit, um Ihre arbeitsamen Tendenzen auszugleichen.

Wassermann (20. Januar - 18. Februar)

- **Lebensstil-Tipps**: Beschäftigen Sie sich mit zukunftsorientierten Fitnesstrends oder technologiebasiertem Gesundheitsmonitoring.
- **Wellness-Tipps**: Gemeinschaftsorientierte Wellnessaktivitäten oder Gruppenmeditation können erfüllend sein.

Fische (19. Februar - 20. März)

- **Lebensstil-Tipps**: Sanfte, fließende Übungen wie Tai-Chi oder Schwimmen resonieren mit Ihrer fließenden Natur.
- **Wellness-Tipps**: Regelmäßige kreative Ausflüge wie Kunst- oder Musiktherapie sind für das emotionale Wohlbefinden unerlässlich.

Jedes Sternzeichen hat 2024 einen einzigartigen Weg zu Gesundheit und Wellness, der seine individuellen Eigenschaften und Vorlieben widerspiegelt. Indem Sie diese maßgeschneiderten Tipps annehmen, können Sie Ihre körperliche, geistige und emotionale Gesundheit verbessern und so zu einem ausgeglicheneren und erfüllenderen Jahr beitragen.

Kritische Gesundheitsphasen und Präventionsstrategien

Die Astrologie leitet uns nicht nur bei Lebensentscheidungen, sondern kann auch bei der Vorhersage und Vorbereitung auf kritische Gesundheitsphasen hilfreich sein. Das Jahr 2024 präsentiert verschiedene astrologische Phasen, in denen bestimmte Sternzeichen gesundheitliche Verwundbarkeiten erfahren könnten. Dieses Kapitel skizziert diese kritischen Perioden und bietet Präventionsstrategien für jedes Zeichen, um die optimale Gesundheit zu erhalten.

Widder (21. März - 19. April)

- **Kritische Phasen**: Ende April und Anfang September.
- **Prävention**: Konzentrieren Sie sich auf die Verletzungsprävention bei körperlichen Aktivitäten. Integrieren Sie Entspannungstechniken, um Stress zu bewältigen und Burnout zu vermeiden.

Stier (20. April - 20. Mai)

- **Kritische Phasen**: Mitte Mai und Ende Oktober.
- **Prävention**: Achten Sie auf Ihre Ernährung und Verdauungsgesundheit. Regelmäßige Bewegung, insbesondere im Freien, hilft, das allgemeine Wohlbefinden zu erhalten.

Zwillinge (21. Mai - 20. Juni)

- **Kritische Phasen**: Anfang Juni und Mitte November.
- **Prävention**: Priorisieren Sie die psychische Gesundheit. Beschäftigen Sie sich mit Aktivitäten, die helfen, Angst zu reduzieren, und sorgen Sie für ausreichend Schlaf, um die kognitive Gesundheit zu unterstützen.

Krebs (21. Juni - 22. Juli)

- **Kritische Phasen**: Ende Juli und Anfang Dezember.
- **Prävention**: Emotionale Gesundheit ist entscheidend. Praktizieren Sie Achtsamkeit und Stressmanagement-Techniken. Bleiben Sie mit Ihren Lieben in Verbindung, um emotionale Unterstützung zu erhalten.

Löwe (23. Juli - 22. August)

- **Kritische Phasen**: Mitte August und Ende Dezember.
- **Prävention**: Überwachen Sie die Herzgesundheit und bewältigen Sie Stress effektiv. Regelmäßige Cardio-Übungen und eine ausgewogene Ernährung sind der Schlüssel, um Vitalität zu erhalten.

Jungfrau (23. August - 22. September)

- **Kritische Phasen**: Anfang September und Mitte Januar 2025.
- **Prävention**: Die Darmgesundheit ist von Bedeutung. Integrieren Sie eine ballaststoffreiche Ernährung und probiotische Lebensmittel. Regelmäßige medizinische Untersuchungen werden empfohlen.

Waage (23. September - 22. Oktober)

- **Kritische Phasen**: Ende Oktober und Anfang Februar 2025.
- **Prävention**: Ausgewogenheit ist wesentlich. Vermeiden Sie Überanstrengung und praktizieren Sie Entspannungstechniken. Achten Sie auf Nieren- und Nebennierengesundheit.

Skorpion (23. Oktober - 21. November)

- **Kritische Phasen**: Mitte November und Ende Februar 2025.
- **Prävention**: Bleiben Sie hydratisiert und pflegen Sie ein gesundes Fortpflanzungssystem. Regelmäßige Entgiftung und sicheres Sexualverhalten werden empfohlen.

Schütze (22. November - 21. Dezember)

- **Kritische Phasen**: Anfang Dezember und Mitte März 2025.

- **Prävention**: Konzentrieren Sie sich auf die Lebergesundheit und das Erhalten eines gesunden Gewichts. Mäßigung in der Ernährung und beim Alkoholkonsum ist entscheidend.

Steinbock (22. Dezember - 19. Januar)

- **Kritische Phasen**: Mitte Januar und Ende März 2025.
- **Prävention**: Knochen- und Gelenkgesundheit sollte priorisiert werden. Eine kalziumreiche Ernährung und regelmäßiges Krafttraining können vorteilhaft sein.

Wassermann (20. Januar - 18. Februar)

- **Kritische Phasen**: Anfang Februar und Mitte April 2025.
- **Prävention**: Die Kreislaufgesundheit ist entscheidend. Aerobe Übungen und das Vermeiden von langem Sitzen können helfen, die Herz-Kreislauf-Gesundheit zu erhalten.

Fische (19. Februar - 20. März)

- **Kritische Phasen**: Ende März und Anfang Mai 2025.
- **Prävention**: Fußpflege ist wichtig. Bequemes Schuhwerk und regelmäßige Fußmassagen können Probleme verhindern. Konzentrieren Sie sich auch auf die Gesundheit des Immunsystems.

Durch das Bewusstsein für diese kritischen Phasen und die Anwendung von Präventionsstrategien kann jedes Sternzeichen

2024 mit größerem Vertrauen in die Erhaltung ihrer Gesundheit und ihres Wohlbefindens navigieren. Proaktive Maßnahmen und ein achtsamer Ansatz bei der Lebensstilwahl werden entscheidend sein, um ein gesundes Jahr zu gewährleisten.

Die Bedeutung des mentalen und physischen Gleichgewichts

Wenn wir in das Jahr 2024 eintreten, betonen die kosmischen Energien die entscheidende Bedeutung, eine Balance zwischen mentaler und physischer Gesundheit zu erhalten. Dieses Kapitel befasst sich mit der Notwendigkeit, den Geist und den Körper für jedes Sternzeichen zu harmonisieren, und bietet Einblicke und Anleitungen, wie dieses Gleichgewicht erreicht werden kann.

Widder (21. März - 19. April)

- **Schwerpunkt auf Balance**: Gegensteuern Sie Ihre natürliche Tendenz zu körperlicher Anstrengung mit Achtsamkeitspraktiken. Meditation und Atemübungen können die mentale Ruhe bieten, die benötigt wird, um Ihr energetisches Wesen auszugleichen.

Stier (20. April - 20. Mai)

- **Schwerpunkt auf Balance**: Ihre Liebe zu Komfort und sinnlichen Erfahrungen kann mit Aktivitäten ausgeglichen werden, die den Geist anregen.

Beschäftigen Sie sich mit intellektuellen Unternehmungen oder kreativen Hobbys, um Ihre physischen Genüsse zu ergänzen.

Zwillinge (21. Mai - 20. Juni)

- **Schwerpunkt auf Balance**: Als ein Zeichen, das von geistiger Anregung lebt, stellen Sie sicher, dass Sie auch Ihrer körperlichen Gesundheit Aufmerksamkeit schenken. Regelmäßige Bewegung, besonders im Freien, kann helfen, Ihre geistige Energie zu erden.

Krebs (21. Juni - 22. Juli)

- **Schwerpunkt auf Balance**: Emotionales Wohlbefinden ist für Sie entscheidend. Balancieren Sie dies mit einer konstanten körperlichen Routine, wie Yoga oder Schwimmen, die auch helfen kann, emotionale Turbulenzen zu beruhigen.

Löwe (23. Juli - 22. August)

- **Schwerpunkt auf Balance**: Während Sie sich natürlich auf das äußere Erscheinungsbild und die Vitalität konzentrieren, vernachlässigen Sie nicht Ihre innere Welt. Praktiken wie Tagebuchschreiben oder Therapie können helfen, Emotionen zu verarbeiten und mentale Klarheit zu erreichen.

Jungfrau (23. August - 22. September)

- **Schwerpunkt auf Balance**: Ihr analytischer Geist profitiert von entspannenden körperlichen Aktivitäten. Betrachten Sie sanfte Formen der Bewegung wie Spazierengehen oder Tai Chi, um eine harmonische Verbindung von Geist und Körper zu schaffen.

Waage (23. September - 22. Oktober)

- **Schwerpunkt auf Balance**: Erreichen Sie Balance, indem Sie ästhetische Aktivitäten mit geistigen Herausforderungen kombinieren. Beschäftigen Sie sich mit Künsten, die sowohl körperliche Beteiligung als auch intellektuelle Einbindung erfordern, wie Tanz oder Bildhauerei.

Skorpion (23. Oktober - 21. November)

- **Schwerpunkt auf Balance**: Intensive Emotionen sind Teil Ihrer Natur. Kanalisieren Sie diese Intensität in physische Auslässe wie Kampfkunst oder intensive Workouts, die auch emotionale Freisetzung bieten können.

Schütze (22. November - 21. Dezember)

- **Schwerpunkt auf Balance**: Ihr abenteuerlustiger Geist sehnt sich nach körperlicher Aktivität. Balancieren Sie dies mit Praktiken, die die geistige Erweiterung fördern, wie Meditation oder philosophische Studien.

Steinbock (22. Dezember - 19. Januar)

- **Schwerpunkt auf Balance**: Ihr Fokus auf Leistung und Disziplin im physischen Bereich sollte durch Freizeitaktivitäten ausgeglichen werden, die den Geist entspannen, wie Lesen oder die Natur genießen.

Wassermann (20. Januar - 18. Februar)

- **Schwerpunkt auf Balance**: Bei einer Tendenz zu intellektuellen Unternehmungen ist es wichtig, regelmäßige körperliche Bewegung einzubeziehen. Gruppensport oder gemeinschaftsbasierte Fitnessaktivitäten können besonders vorteilhaft sein.

Fische (19. Februar - 20. März)

- **Schwerpunkt auf Balance**: Sie haben eine natürliche Neigung zu emotionaler und spiritueller Gesundheit. Ergänzen Sie dies mit einer körperlichen Routine, die Sie erdet, wie Wandern oder Radfahren.

Für jedes Sternzeichen ist 2024 ein Jahr, um sich auf die Schaffung und Aufrechterhaltung eines Gleichgewichts zwischen geistiger Schärfe und körperlicher Gesundheit zu konzentrieren. Indem Sie die einzigartigen Bedürfnisse von Geist und Körper anerkennen und ansprechen, können Sie einen Zustand ganzheitlichen Wohlbefindens erreichen, der wesentlich ist, um die Herausforderungen und Chancen zu meistern, die das Jahr möglicherweise mit sich bringt.

Kapitel 6: Persönliche Transformation und spirituelles Wachstum

Überwindung von Hindernissen und inneres Wachstum

Das Jahr 2024 bietet jedem Sternzeichen einzigartige Möglichkeiten für persönliche Transformation und spirituelles Wachstum. Dieses Kapitel bietet Anleitungen, wie persönliche Hindernisse überwunden und inneres Wachstum gefördert werden können, zugeschnitten auf die astrologischen Nuancen jedes Zeichens.

Widder (21. März - 19. April)

- **Transformationsanleitung**: Nutzen Sie Ihre natürlichen Führungsqualitäten für die persönliche Entwicklung. Überwinden Sie Impulsivität durch das Kultivieren von Geduld und Einfühlungsvermögen.
- **Spirituelles Wachstum**: Engagieren Sie sich in Aktivitäten, die Ihre physischen und mentalen Grenzen herausfordern, um Resilienz und Selbstbewusstsein zu fördern.

Stier (20. April - 20. Mai)

- **Transformationsanleitung**: Akzeptieren Sie Veränderungen und lassen Sie starre Ansichten los, um persönliches Wachstum zu ermöglichen. Üben Sie Flexibilität in Denken und Handeln.
- **Spirituelles Wachstum**: Erkunden Sie naturbasierte spirituelle Praktiken, die Sie mit der Erde und Ihrer eigenen inneren Stabilität verbinden.

Zwillinge (21. Mai - 20. Juni)

- **Transformationsanleitung**: Entwickeln Sie Fokus und Tiefe in Ihren Bestrebungen. Das Überwinden zerstreuter Energien führt zu bedeutenden persönlichen Errungenschaften.
- **Spirituelles Wachstum**: Engagieren Sie sich in achtsamer Kommunikation und aktivem Zuhören als Weg zu tieferem Verständnis und Verbindung.

Krebs (21. Juni - 22. Juli)

- **Transformationsanleitung**: Kultivieren Sie emotionale Resilienz. Das geschickte Navigieren in Ihrer emotionalen Landschaft kann transformativ sein.
- **Spirituelles Wachstum**: Praktizieren Sie Selbstfürsorgerituale und erkunden Sie emotionale Heilungstechniken, um Ihre intuitiven Fähigkeiten zu verbessern.

Löwe (23. Juli - 22. August)

- **Transformationsanleitung**: Balancieren Sie Ihr Bedürfnis nach externer Validierung mit Selbstreflexion. Üben Sie Demut und Selbstmitgefühl.
- **Spirituelles Wachstum**: Kreative Ausdrucksformen können ein mächtiges Werkzeug für spirituelle und persönliche Entdeckung sein.

Jungfrau (23. August - 22. September)

- **Transformationsanleitung**: Überwinden Sie Perfektionismus, indem Sie Unvollkommenheit als Teil der menschlichen Erfahrung akzeptieren. Lernen Sie, Fortschritt über Perfektion zu schätzen.
- **Spirituelles Wachstum**: Integrieren Sie Praktiken wie Meditation oder Yoga, um eine Verbindung zu einem Gefühl von innerem Frieden und Akzeptanz herzustellen.

Waage (23. September - 22. Oktober)

- **Transformationsanleitung**: Entwickeln Sie Entschlossenheit und Vertrauen in Ihre Entscheidungen. Ihrem Intuition zu vertrauen, kann zu tiefgreifendem persönlichen Wachstum führen.
- **Spirituelles Wachstum**: Erkunden Sie künstlerische oder kreative Ausdrucksformen als Mittel, um Ihre innere Welt zu verstehen und auszudrücken.

Skorpion (23. Oktober - 21. November)

- **Transformationsanleitung**: Lernen Sie, Kontrolle loszulassen und Verletzlichkeit zu akzeptieren. Diese Offenheit kann zu tiefer Transformation und Heilung führen.
- **Spirituelles Wachstum**: Vertiefen Sie sich in Praktiken, die die Tiefen der Psyche erforschen, wie tiefe Meditation oder transformative Therapie.

Schütze (22. November - 21. Dezember)

- **Transformationsanleitung**: Kultivieren Sie Geduld und Aufmerksamkeit für Details. Ein erweiterter Fokus über den unmittelbaren Horizont hinaus kann neue Einsichten bringen.
- **Spirituelles Wachstum**: Reisen, physisch oder durch den Geist, kann ein Weg zur spirituellen Erleuchtung und Selbsterkenntnis sein.

Steinbock (22. Dezember - 19. Januar)

- **Transformationsanleitung**: Balancieren Sie Ihren Ehrgeiz mit einer gesunden Berücksichtigung des persönlichen Wohlbefindens. Das Umarmen von Ruhe und Freizeit kann transformativ sein.
- **Spirituelles Wachstum**: Engagieren Sie sich in Praktiken, die Ihre materialistischen Ansichten herausfordern, wie ehrenamtliche Arbeit oder Achtsamkeit.

Wassermann (20. Januar - 18. Februar)

- **Transformationsanleitung**: Kultivieren Sie tiefere emotionale Verbindungen. Das Überwinden von Distanziertheit kann zu reicheren persönlichen Interaktionen führen.
- **Spirituelles Wachstum**: Gruppenspirituelle Praktiken oder Gemeinschaftsdienst können mit Ihrer humanitären Natur in Einklang stehen und Wachstum fördern.

Fische (19. Februar - 20. März)

- **Transformationsanleitung**: Stärken Sie Grenzen, um Ihr emotionales Wohlbefinden zu schützen. Das Finden eines Gleichgewichts zwischen Empathie und Selbstbewahrung ist entscheidend.
- **Spirituelles Wachstum**: Engagieren Sie sich in künstlerischen oder musikalischen Unternehmungen, um Ihre spirituelle Natur zu erkunden und auszudrücken.

Für jedes Zeichen ist 2024 ein Jahr, um Veränderungen und Wachstum sowohl persönlich als auch spirituell zu umarmen. Indem Sie Ihre einzigartigen astrologischen Eigenschaften erkennen und damit arbeiten, können Sie Hindernisse überwinden und sich auf eine Reise der Selbstentdeckung und Transformation begeben.

Bedeutende astrologische Momente für persönliche Transformation

Im Jahr 2024 ist die astrologische Landschaft geprägt von bedeutenden Momenten, die tiefe Gelegenheiten für persönliche Transformation und spirituelles Wachstum bieten. Dieses Kapitel erforscht diese entscheidenden astrologischen Ereignisse und wie jedes Sternzeichen sie für tiefgreifende persönliche Veränderung und Erleuchtung nutzen kann.

Widder (21. März - 19. April)

- **Astrologischer Moment**: Mars tritt in den Widder (Mitte Mai).
- **Transformationsmöglichkeit**: Eine kraftvolle Zeit für Selbstbehauptung und das Ergreifen mutiger Schritte hin zu persönlichen Zielen. Umarmen Sie Mut und initiieren Sie bedeutende Lebensveränderungen.

Stier (20. April - 20. Mai)

- **Astrologischer Moment**: Sonnenfinsternis im Stier (Ende April).
- **Transformationsmöglichkeit**: Eine Zeit bedeutender persönlicher Offenbarungen und Neuanfänge. Reflektieren Sie über Ihre Werte und erwägen Sie Wege, die besser zu ihnen passen.

Zwillinge (21. Mai - 20. Juni)

- **Astrologischer Moment**: Merkur Retrograde in Zwillinge (Juni).
- **Transformationsmöglichkeit**: Eine Periode für Introspektion und Neubewertung von Lebensentscheidungen. Ideal zur Verfeinerung von Plänen und Klärung persönlicher Kommunikation.

Krebs (21. Juni - 22. Juli)

- **Astrologischer Moment**: Venus transitiert Krebs (Anfang August).
- **Transformationsmöglichkeit**: Schwerpunkt auf emotionaler Heilung und Pflege von Beziehungen. Eine hervorragende Zeit, um vergangene emotionale Wunden anzusprechen und loszulassen.

Löwe (23. Juli - 22. August)

- **Astrologischer Moment**: Sonne konjunktiert Löwe (Ende Juli).
- **Transformationsmöglichkeit**: Ein Energieschub und Selbstvertrauen. Konzentrieren Sie sich auf Selbstausdruck und kreative Unternehmungen, die Ihr wahres Selbst widerspiegeln.

Jungfrau (23. August - 22. September)

- **Astrologischer Moment**: Neumond in Jungfrau (September).

- **Transformationsmöglichkeit**: Ideal für die Festlegung neuer Gesundheits- und Wellnessziele. Konzentrieren Sie sich auf Selbstverbesserung und praktische Schritte zum persönlichen Wachstum.

Waage (23. September - 22. Oktober)

- **Astrologischer Moment**: Jupiter in Waage (ab Oktober).
- **Transformationsmöglichkeit**: Expansion in persönlichen Beziehungen und sozialen Verbindungen. Umarmen Sie Harmonie und suchen Sie Wachstum in Partnerschaften.

Skorpion (23. Oktober - 21. November)

- **Astrologischer Moment**: Sonnenfinsternis im Skorpion (Ende Oktober).
- **Transformationsmöglichkeit**: Intensive emotionale Einsichten und transformative Erfahrungen. Zeit, Veränderung und persönliche Metamorphose zu umarmen.

Schütze (22. November - 21. Dezember)

- **Astrologischer Moment**: Jupiter in Schütze (Mitte Dezember).
- **Transformationsmöglichkeit**: Erforschung persönlicher Überzeugungen und Philosophien. Eine

Periode des Lernens, Reisens und der Erweiterung Ihres Weltbilds.

Steinbock (22. Dezember - 19. Januar)

- **Astrologischer Moment**: Pluto kehrt in den Steinbock zurück (Ende Januar).
- **Transformationsmöglichkeit**: Tiefgreifende Introspektion und Transformation in Karriere und öffentlichem Leben. Umarmen Sie Ermächtigung und definieren Sie Ihre Ziele neu.

Wassermann (20. Januar - 18. Februar)

- **Astrologischer Moment**: Saturn tritt in den Wassermann ein (März).
- **Transformationsmöglichkeit**: Konzentrieren Sie sich auf persönliche Verantwortung und Strukturierung des Lebens. Ideale Zeit für die Umsetzung langfristiger Veränderungen für zukünftige Stabilität.

Fische (19. Februar - 20. März)

- **Astrologischer Moment**: Neptun in den Fischen (das ganze Jahr 2024).
- **Transformationsmöglichkeit**: Gestärkte Intuition und spirituelle Verbindung. Umarmen Sie Kreativität und erkunden Sie Ihre spirituelle und künstlerische Seite.

Für jedes Sternzeichen ist 2024 eine Leinwand für bedeutende persönliche und spirituelle Transformation. Diese astrologischen Momente bieten Tore zu tiefgreifender Selbstentdeckung und Wachstum. Die Umarmung dieser Perioden mit Bewusstsein und Absicht kann zu dauerhaften und bedeutungsvollen Veränderungen führen.

Empfohlene Meditationen und spirituelle Praktiken

Der Weg der persönlichen Transformation und des spirituellen Wachstums ist zutiefst persönlich und einzigartig für jeden Einzelnen. Im Jahr 2024 können spezifische Meditationen und spirituelle Praktiken jedem Sternzeichen dabei helfen, ihren Weg der Selbsterkenntnis und inneren Friedens weiterzuführen. Dieses Kapitel bietet maßgeschneiderte Empfehlungen für meditative und spirituelle Übungen, die auf die astrologischen Eigenschaften jedes Zeichens zugeschnitten sind.

Widder (21. März - 19. April)

- **Empfohlene Meditation**: Aktive oder Bewegungsmeditation. Dynamische Meditationspraktiken helfen, die natürliche Energie des Widders zu nutzen.
- **Spirituelle Praxis**: Kampfkünste oder Sportarten, die Fokus und Disziplin erfordern, verbessern Selbstbewusstsein und Kontrolle.

Stier (20. April - 20. Mai)

- **Empfohlene Meditation**: Naturmeditation. Zeit in natürlichen Umgebungen verbringen und Achtsamkeit üben, kann den Stier erden und mit der Erde verbinden.
- **Spirituelle Praxis**: Gartenarbeit oder Waldbaden, ermöglichen ein tieferes Gefühl von Frieden und Erdung.

Zwillinge (21. Mai - 20. Juni)

- **Empfohlene Meditation**: Geführte Visualisierung. Diese Form der Meditation kann Zwillinge dabei helfen, ihren Geist zu fokussieren und neue Ideen zu erkunden.
- **Spirituelle Praxis**: Journaling oder kreatives Schreiben als Form des Selbstausdrucks und der Erkundung.

Krebs (21. Juni - 22. Juli)

- **Empfohlene Meditation**: Mondmeditation. Die Reflexion über die Mondphasen kann Krebs helfen, sich mit ihrer Intuition und Emotionen zu verbinden.
- **Spirituelle Praxis**: Wasser-Rituale, wie Bäder oder Schwimmen, um emotionale Energien zu beruhigen und zu reinigen.

Löwe (23. Juli - 22. August)

- **Empfohlene Meditation**: Herz-zentrierte Meditation. Sich auf den Herzbereich zu konzentrieren, kann Liebe, Mitgefühl und Verständnis im Löwen fördern.

- **Spirituelle Praxis**: Kreative Künste wie Malen oder Theater als Form des Selbstausdrucks und der Herzensverbindung.

Jungfrau (23. August - 22. September)

- **Empfohlene Meditation**: Achtsamkeitsmeditation. Diese Praxis hilft der Jungfrau, im Hier und Jetzt zu bleiben und Sorgen um Unvollkommenheit zu mindern.
- **Spirituelle Praxis**: Dienst an anderen, wie ehrenamtliche Arbeit, entspricht dem angeborenen Wunsch der Jungfrau zu helfen und zu heilen.

Waage (23. September - 22. Oktober)

- **Empfohlene Meditation**: Gleichgewichtsmeditation. Praktiken, die sich auf Harmonie und Gleichgewicht konzentrieren, können dem Streben der Waage nach Balance zugutekommen.
- **Spirituelle Praxis**: Partner-Yoga oder Tanz, die die Harmonie mit anderen und der Umgebung betonen.

Skorpion (23. Oktober - 21. November)

- **Empfohlene Meditation**: Tiefe Transzendentale Meditation. Dies ermöglicht es dem Skorpion, tiefere Schichten der Psyche und der emotionalen Welt zu erforschen.

- **Spirituelle Praxis**: Erforschung des Mystischen und Okkulten für ein tieferes Verständnis der unsichtbaren Kräfte.

Schütze (22. November - 21. Dezember)

- **Empfohlene Meditation**: Abenteuervisualisierung. Das Imaginieren von Reisen und Abenteuern kann das Bedürfnis des Schützen nach Erkundung befriedigen.
- **Spirituelle Praxis**: Erkundung unterschiedlicher Philosophien und Kulturen, um ihr Verständnis der Welt zu erweitern.

Steinbock (22. Dezember - 19. Januar)

- **Empfohlene Meditation**: Bergmeditation. Sich einen Berg vorzustellen, kann dem Steinbock ein Gefühl von Stabilität und Ausdauer vermitteln.
- **Spirituelle Praxis**: Strukturierte spirituelle Praktiken wie diszipliniertes Yoga oder Meditationsroutinen, spiegeln ihre organisierte Natur wider.

Wassermann (20. Januar - 18. Februar)

- **Empfohlene Meditation**: Gruppenmeditation. Die Teilnahme an Gruppenmeditationspraktiken entspricht der gemeinschaftlichen Natur des Wassermanns.
- **Spirituelle Praxis**: Engagieren in Gemeinschaftsdiensten oder humanitären Bemühungen, fördert ein Gefühl von Einheit und Beitrag.

Fische (19. Februar - 20. März)

- **Empfohlene Meditation**: Kreative Visualisierung. Sich kreative Szenarien vorzustellen, kann den Fischen helfen, sich mit ihrer künstlerischen und einfühlsamen Seite zu verbinden.
- **Spirituelle Praxis**: Kunst- oder Musiktherapie, um Spiritualität durch kreativen Ausdruck zu erforschen.

Für jedes Sternzeichen können die Annahme dieser empfohlenen Meditationen und spirituellen Praktiken in 2024 tiefe Wege für persönliches Wachstum und spirituelle Erkundung bieten. Diese Praktiken anzunehmen, kann zu größerem Selbstbewusstsein, innerem Frieden und einer tieferen Verbindung mit dem Universum führen.

Kapitel 7: Rückläufige Planeten und ihre Auswirkungen auf 2024

Erklärung der Rückläufigkeitsperioden der Planeten

In der Astrologie ist die rückläufige Bewegung von Planeten ein bedeutendes Ereignis, das eine Zeit der Reflexion, Neubewertung und inneren Entwicklung symbolisiert. Dieses Kapitel geht auf die Rückläufigkeitsperioden wichtiger Planeten in 2024 und deren potenzielle Auswirkungen auf jedes Sternzeichen ein.

Merkur-Rückläufigkeit

- **Daten & Auswirkungen**: Tritt mehrmals im Jahr auf, bekannt dafür, Kommunikations- und Reiseprobleme zu verursachen.
- **Widder**: Zeit, Kommunikationsstrategien zu überdenken und alte Ideen zu überprüfen.
- **Stier**: Reflektieren Sie über finanzielle Entscheidungen und verbinden Sie sich wieder mit persönlichen Werten.
- **Zwillinge & Jungfrau**: (Beherrscht von Merkur) Erhöhte Auswirkungen, fordert zu vorsichtiger Kommunikation und Überprüfung von Plänen auf.

Venus-Rückläufigkeit

- **Daten & Auswirkungen**: Ein selteneres Ereignis, das sich auf Liebe, Schönheit und finanzielle Angelegenheiten konzentriert.
- **Waage & Stier**: (Beherrscht von Venus) Tiefgründige Introspektion über Beziehungen und persönliche Wünsche.
- **Skorpion**: Überdenken der Beziehungsdynamik und emotionalen Investitionen.

Mars-Rückläufigkeit

- **Daten & Auswirkungen**: Beeinflusst Energielevel, Aggression und Ambition.
- **Widder & Skorpion**: (Beherrscht von Mars) Eine Zeit, um Handlungen und Wünsche zu überdenken. Vermeiden Sie impulsive Entscheidungen.
- **Steinbock**: Reflektieren Sie über Karriereziele und Strategien für deren Erreichung.

Jupiter-Rückläufigkeit

- **Daten & Auswirkungen**: Eine Zeit, um Wachstums- und Expansionspläne zu überdenken.
- **Schütze & Fische**: (Beherrscht von Jupiter) Überdenken Sie Glaubensansätze und Bildungsbestrebungen.
- **Löwe**: Betrachten Sie das Gleichgewicht zwischen persönlichem Wachstum und externem Erfolg.

Saturn-Rückläufigkeit

- **Daten & Auswirkungen**: Konzentriert sich auf Disziplin, Verantwortung und Struktur.
- **Steinbock & Wassermann**: (Beherrscht von Saturn) Überdenken Sie Karrierewege und langfristige Ziele.
- **Waage**: Reflektieren Sie über Beziehungen und die Strukturen, die sie unterstützen.

Uranus-Rückläufigkeit

- **Daten & Auswirkungen**: Ermutigt zu unkonventionellem Denken und plötzlichen Veränderungen.
- **Wassermann**: (Beherrscht von Uranus) Umarmen Sie innovative Ideen, aber bereiten Sie sich auf Unvorhersehbarkeit vor.
- **Stier**: Betrachten Sie, wie Flexibilität zu persönlichem Wachstum führen kann.

Neptun-Rückläufigkeit

- **Daten & Auswirkungen**: Konzentriert sich auf Träume, Illusionen und spirituelle Einsichten.
- **Fische**: (Beherrscht von Neptun) Eine Zeit für tiefe spirituelle Erkundung und Aufdeckung verborgener Wahrheiten.
- **Jungfrau**: Reflektieren Sie über Praktikabilität versus Träume; finden Sie ein Gleichgewicht.

Pluto-Rückläufigkeit

- **Daten & Auswirkungen**: Bezieht sich auf Transformation, Machtstrukturen und tiefe unterbewusste Themen.
- **Skorpion**: (Beherrscht von Pluto) Intensive Selbstreflexion und Transformation.
- **Löwe**: Überdenken Sie persönliche Macht und Einfluss in Beziehungen.

Während dieser rückläufigen Perioden in 2024 wird jedes Sternzeichen ermutigt, sich in verschiedenen Lebensaspekten auf Introspektion und achtsame Betrachtung einzulassen. Das Verständnis dieser planetarischen Einflüsse kann wertvolle Einsichten in das persönliche Wachstum und den Entscheidungsprozess bieten.

Rückläufige Planeten und ihre Auswirkungen auf 2024

Ratschläge für die Bewältigung dieser Perioden

Rückläufige Planeten bringen eine Zeit der Introspektion, Neubewertung und inneren Veränderung. Dieses Kapitel bietet Ratschläge, wie man diese potenziell herausfordernden

Perioden in 2024 navigieren kann, um sie in Chancen für Wachstum und Selbstverbesserung umzuwandeln.

Merkur-Rückläufigkeit

- **Ratschlag**: Überprüfen Sie Kommunikation und Reisepläne doppelt. Es ist eine Zeit zum Überdenken, Reflektieren und Neubewerten, eher als für den Beginn neuer Projekte. Üben Sie Geduld und nutzen Sie diese Periode, um unvollendete Aufgaben abzuschließen.

Venus-Rückläufigkeit

- **Ratschlag**: Reflektieren Sie über Ihre Beziehungen und Werte. Es ist eine günstige Zeit, um zu überdenken, was und wer Ihnen wichtig ist und warum. Vermeiden Sie drastische Veränderungen in Beziehungen oder finanziellen Investitionen während dieser Zeit.

Mars-Rückläufigkeit

- **Ratschlag**: Seien Sie vorsichtig beim Ausdrücken von Ärger und Initiieren von Konfrontationen. Es ist eine Zeit, um Ihre Handlungen und Wünsche zu überdenken. Konzentrieren Sie sich auf strategische Planung anstatt auf impulsive Aktionen.

Jupiter-Rückläufigkeit

- **Ratschlag**: Überdenken Sie Ihre Ziele und Bestrebungen. Diese Periode kann ein tieferes

Verständnis dafür bringen, was wirklich wichtig für Sie ist. Erweitern Sie Ihren Horizont durch Lernen und Reflektion, anstatt durch unmittelbare Expansion.

Saturn-Rückläufigkeit

- **Ratschlag**: Konzentrieren Sie sich auf Ihre Verantwortlichkeiten und langfristigen Ziele. Es ist eine Zeit, Pläne und Strukturen zu festigen, um sicherzustellen, dass sie nachhaltig sind und mit Ihrem wahren Weg übereinstimmen.

Uranus-Rückläufigkeit

- **Ratschlag**: Seien Sie offen für interne Veränderungen und Offenbarungen. Diese Periode könnte unerwartete Perspektivwechsel bringen. Es ist eine Gelegenheit, sich von alten Mustern zu befreien, die Ihnen nicht mehr dienen.

Neptun-Rückläufigkeit

- **Ratschlag**: Achten Sie auf Ihre Intuition und Träume. Es ist eine Zeit für spirituelles Wachstum und das Verständnis tieferer Wahrheiten. Seien Sie vorsichtig vor Illusionen und Täuschungen, sowohl von anderen als auch selbstauferlegt.

Pluto-Rückläufigkeit

- **Ratschlag**: Umarmen Sie Transformation und Selbsterkenntnis. Tief verwurzelte Probleme können an die Oberfläche kommen und bieten Chancen für Heilung und Ermächtigung. Es ist eine Zeit, alte Machtstrukturen und Kontrollprobleme loszulassen.

Das Navigieren durch rückläufige Perioden in 2024 erfordert Achtsamkeit, Geduld und die Bereitschaft, innere Veränderungen zu akzeptieren. Indem Sie die einzigartigen Herausforderungen und Chancen dieser Perioden verstehen, können Sie sie nutzen, um persönliches Wachstum, Selbstbewusstsein und Transformation zu fördern.

Kapitel 8: Schlüssel-Astronomische Ereignisse von 2024

Astronomische Ereignisse: Finsternisse, Konjunktionen

Die astrologische Landschaft von 2024 bietet einzigartige Chancen und Herausforderungen für jedes Sternzeichen. Hier ist, wie wichtige Himmelsereignisse jedes Zeichen beeinflussen werden.

Widder

- **Einfluss der Sonnenfinsternis**: Ein mächtiger Katalysator für persönliche Neuerfindung und mutige neue Richtungen in Ihrer Karriere.
- **Jupiter-Saturn-Konjunktion**: Bringt Gleichgewicht in Ihre beruflichen Bestrebungen und Ihr Privatleben und fördert kluge, aber ehrgeizige Zielsetzungen.

Stier

- **Einfluss der Mondfinsternis**: Erleuchtet finanzielle und emotionale Stabilität, drängt Sie dazu, alte Sicherheitsmuster loszulassen, die nicht mehr dienlich sind.
- **Mars-Venus-Konjunktion**: Hebt die Notwendigkeit von Harmonie in Beziehungen hervor und könnte einen leidenschaftlichen Neuanfang oder ein kreatives Projekt anregen.

Zwillinge

- **Einfluss des Großen Trigons**: Bringt eine Zeit des intellektuellen Wachstums und der sozialen Verbindungen, verbessert die Kommunikationsfähigkeiten und das Networking.

- **Einfluss des T-Quadrats**: Herausforderungen bei der Ausbalancierung von Karriere, Beziehungen und persönlichen Zielen, fordert Sie auf, einen nachhaltigen Mittelweg zu finden.

Krebs

- **Einfluss der Sonnenfinsternis**: Eine entscheidende Zeit für emotionale und häusliche Veränderungen. Ideal für Umzüge, Renovierungen oder wichtige Familienentscheidungen.
- **Einfluss der Mondfinsternis**: Bringt Abschluss in langanhaltenden persönlichen Angelegenheiten, ermöglicht emotionale Heilung und Freisetzung.

Löwe

- **Jupiter-Saturn-Konjunktion**: Testet das Gleichgewicht zwischen persönlichem Ausdruck und Verantwortlichkeiten, ermutigt Sie, nachhaltige Wege zu finden, um zu glänzen.
- **Einfluss des Großen Trigons**: Bietet Chancen für kreative und romantische Ausdrucksformen, bringt Freude und Erfüllung.

Jungfrau

- **Mars-Venus-Konjunktion**: Katalysiert Aktionen in Richtung Gesundheits- und dienstleistungsorientierter Ziele, verbindet Praktikabilität mit Leidenschaft.

- **Einfluss des T-Quadrats**: Kann die Work-Life-Balance in den Fokus rücken, erfordert sorgfältiges Zeit- und Ressourcenmanagement.

Waage

- **Einfluss der Sonnenfinsternis**: Eine Chance, Ihre Identität und persönlichen Ziele neu zu definieren, besonders in Partnerschaften und rechtlichen Angelegenheiten.
- **Einfluss der Mondfinsternis**: Kulmination in Beziehungsdynamiken, bringt Klarheit und beendet möglicherweise ungesunde Muster.

Skorpion

- **Mars-Venus-Konjunktion**: Intensiviert Ihr emotionales und romantisches Leben und fordert tiefgreifende, transformative Beziehungserfahrungen.
- **Einfluss der Sonnenfinsternis**: Signalisiert eine Zeit der inneren Transformation und fordert Sie auf, Ihr Unterbewusstsein und verborgene Talente zu erforschen.

Schütze

- **Jupiter-Saturn-Konjunktion**: Bringt den Fokus auf die Erweiterung Ihrer Horizonte bei gleichzeitiger Erdung in der Realität, möglicherweise durch Reisen oder Bildung.

- **Einfluss des Großen Trigons**: Verbessert Ihren natürlichen Optimismus und Abenteuergeist und bietet neue Wachstumsmöglichkeiten.

Steinbock

- **Einfluss des T-Quadrats**: Karriere und Privatleben könnten in Konflikt stehen und verlangen strategische Planung und Kompromisse, um Herausforderungen zu bewältigen.
- **Einfluss der Mondfinsternis**: Eine Zeit, um Karrierewege und Lebensrichtung neu zu bewerten, bringt Einblicke in langfristige Ambitionen.

Wassermann

- **Einfluss der Sonnenfinsternis**: Eröffnet neue Wege in Ihren intellektuellen Bestrebungen und der Kommunikation, ideal für den Beginn neuer Studien oder Schreibprojekte.
- **Jupiter-Saturn-Konjunktion**: Ermutigt dazu, innovative Ideen mit praktischer Umsetzung in Einklang zu bringen, besonders in Gemeinschaftsprojekten.

Fische

- **Einfluss der Mondfinsternis**: Betont spirituelles und emotionales Wachstum und leitet Sie an, alte Lasten loszulassen und Heilung zu umarmen.

- **Einfluss des Neptuns**: Verstärkt Ihre intuitiven und künstlerischen Fähigkeiten und ermutigt Sie, kreative und spirituelle Tiefen zu erforschen.

Für jedes Sternzeichen sind die himmlischen Ereignisse von 2024 nicht nur einfache Vorkommnisse, sondern Tore zu tieferem Verständnis und persönlichem Wachstum. Diese Momente mit Bewusstsein und Anpassungsfähigkeit zu umarmen, kann zu tiefgreifenden Transformationen und Errungenschaften führen.

Schlüssel-Astronomische Ereignisse von 2024 für die Sternzeichen

Tipps, um das Beste aus diesen astralen Einflüssen zu machen (mit Daten)

Die astrologische Landschaft von 2024 ist reich an bedeutenden Ereignissen. Hier erfahren Sie, wie jedes Zeichen diese Daten für persönliches und spirituelles Wachstum nutzen kann:

Widder

- **Sonnenfinsternis (8. April)**: Ergreifen Sie neue Initiativen durch das Setzen kühner Ziele. Zeit für Neuanfänge und Selbstneuerfindung.
- **Mars-Konjunktion (14. August)**: Lenken Sie Ihre gesteigerte Energie in produktive Unternehmungen.

Vermeiden Sie Impulsivität, konzentrieren Sie sich auf Strategie.

Stier

- **Mondfinsternis (26. Mai)**: Reflektieren Sie über persönliche und finanzielle Sicherheit. Ideal, um veraltete Gewohnheiten loszulassen und neue finanzielle Strategien zu umarmen.
- **Venus-Rückläufigkeit (22. Juli - 3. September)**: Überdenken Sie Beziehungen und Werte. Vertiefen Sie Verbindungen mit Ihren Liebsten.

Zwillinge

- **Merkur-Rückläufigkeit (6. Februar - 3. März, 7. Juni - 1. Juli, 21. Oktober - 13. November)**: Verlangsamen Sie und verwalten Sie Kommunikation sorgfältig. Überarbeiten und verfeinern Sie Ihre Ideen.
- **Großes Trigon (Datum variiert)**: Nutzen Sie diese harmonische Zeit für Networking und Stärkung sozialer Bindungen.

Krebs

- **Sonnenfinsternis (8. April)**: Konzentrieren Sie sich auf Zuhause und Familie. Ideal für bedeutende häusliche Veränderungen oder familiäre Angelegenheiten.
- **Mondfinsternis (26. Mai)**: Lassen Sie emotionale Lasten los. Üben Sie Selbstfürsorge und Pflege.

Löwe

- **Sonne-Konjunktion (11. August)**: Strahlen Sie im persönlichen und beruflichen Leben. Verfolgen Sie kreative Aktivitäten und drücken Sie Ihr wahres Selbst aus.
- **Jupiter-Rückläufigkeit (4. September - 30. Dezember)**: Reflektieren Sie über Wachstum und Expansion. Passen Sie persönliche Entwicklung an langfristige Ziele an.

Jungfrau

- **Merkur-Rückläufigkeit (wie oben angegeben)**: Organisieren und straffen Sie Routinen. Gute Zeit für Gesundheitschecks und Überarbeitung Ihres Wellnessregimes.
- **Saturn-Rückläufigkeit (17. Juni - 4. November)**: Stärken Sie Strukturen und Routinen, um langfristige Bestrebungen zu unterstützen.

Waage

- **Venus-Rückläufigkeit (wie oben angegeben)**: Reflektieren Sie über innere Harmonie und Beziehungsbalance. Suchen Sie inneren Frieden.
- **Jupiter-Saturn-Konjunktion (Datum variiert)**: Balancieren Sie Beziehungsbedürfnisse mit persönlichem Wachstum. Suchen Sie Gleichgewicht zwischen Partnerschaft und Unabhängigkeit.

Skorpion

- **Mars-Rückläufigkeit (30. Oktober - 12. Januar 2025):**
  Überdenken Sie Wünsche und Durchsetzungsvermögen.
  Vermeiden Sie übereilte Entscheidungen in Konflikten.
- **Pluto-Rückläufigkeit (27. April - 8. Oktober):**
  Umarmen Sie tiefe Transformation. Erforschen Sie Ihr
  Unterbewusstsein für verborgene Wahrheiten und
  Stärken.

Schütze

- **Jupiter-Rückläufigkeit (wie oben angegeben):**
  Überprüfen Sie Ihre Überzeugungen und Kenntnisse.
  Suchen Sie Weisheit, die Ihrem aktuellen Lebensweg
  entspricht.
- **Sonnenfinsternis (8. April):** Öffnen Sie sich neuen
  Philosophien und Lernmöglichkeiten. Erweitern Sie
  Ihren Horizont.

Steinbock

- **Saturn-Rückläufigkeit (wie oben angegeben):**
  Bewerten Sie Karriere und langfristige Ziele. Passen Sie
  an, um mit wahren Zielen in Einklang zu sein.
- **Pluto-Rückläufigkeit (wie oben angegeben):**
  Umarmen Sie transformative Veränderungen in Ihrem
  Berufsleben. Lassen Sie überholte Ambitionen los.

Wassermann

- **Uranus-Rückläufigkeit (24. August - 1. Januar 2025)**: Bereiten Sie sich auf unerwartete Veränderungen vor. Bleiben Sie flexibel und aufgeschlossen.
- **Saturn-Konjunktion (Datum variiert)**: Strukturieren Sie innovative Ideen in umsetzbare Pläne. Verwirklichen Sie Ihre einzigartigen Visionen.

Fische

- **Neptun-Rückläufigkeit (28. Juni - 3. Dezember)**: Tauchen Sie tief in Ihr spirituelles und kreatives Selbst ein. Erforschen Sie Kunst und Meditation zur Selbsterkenntnis.
- **Mondfinsternis (26. Mai)**: Lassen Sie alte Träume und Illusionen los. Verankern Sie Ihre Bestrebungen in der Realität.

Diese Daten bieten jedem Sternzeichen einen Leitfaden, um himmlische Einflüsse für Wachstum und Transformation im Jahr 2024 zu nutzen. Diese Momente mit Bewusstsein und Absicht zu umarmen, kann zu tiefgreifender persönlicher und spiritueller Entwicklung führen.

Kapitel 9: Überwindung von Unglück in 2024

Glückszahlen, Tage und mehr für jedes Sternzeichen

In 2024 kann jedes Sternzeichen bestimmte Elemente wie Glückszahlen, Tage und zusätzliche Praktiken nutzen, um ihr Glück zu steigern und potenzielles Unglück zu überwinden. Dieses Kapitel bietet Einblicke in diese Aspekte für jedes Zeichen.

Widder (21. März - 19. April)

- **Glückszahl**: 9
- **Glückstag**: Dienstag
- **Glücksbringer**: Teilnahme an Wettbewerbsaktivitäten. Dies stärkt Widders natürliche Führungsqualitäten und Vitalität.
- **Unglück abwehren**: Tragen Sie Rot, um die Energie des Mars zu nutzen und Mut sowie Negativität abzuwehren.

Stier (20. April - 20. Mai)

- **Glückszahl**: 6
- **Glückstag**: Freitag

- **Glücksbringer**: Investitionen in Kunst oder Luxusartikel. Dies entspricht der Wertschätzung des Stiers für Schönheit und Qualität.
- **Unglück abwehren**: Tragen Sie Rosenquarz, um Liebe und Harmonie anzuziehen und die Einflüsse der Venus auszugleichen.

Zwillinge (21. Mai - 20. Juni)

- **Glückszahl**: 5
- **Glückstag**: Mittwoch
- **Glücksbringer**: Geselligkeit und Networking. Zwillinge blühen in kommunikativen Umgebungen auf.
- **Unglück abwehren**: Das Tragen von Achatsteinen kann helfen, geerdet und fokussiert zu bleiben.

Krebs (21. Juni - 22. Juli)

- **Glückszahl**: 2
- **Glückstag**: Montag
- **Glücksbringer**: Zeit in der Nähe von Wasser verbringen. Dies beruhigt die emotionale Natur des Krebses.
- **Unglück abwehren**: Das Halten eines Mondsteins stärkt die Intuition und bringt emotionale Ausgeglichenheit.

Löwe (23. Juli - 22. August)

- **Glückszahl**: 1
- **Glückstag**: Sonntag
- **Glücksbringer**: Kreative Unternehmungen oder öffentliche Auftritte. Dies ermöglicht es dem Löwen, seine natürliche Ausstrahlung zu zeigen.
- **Unglück abwehren**: Goldschmuck oder -accessoires können Positivität und Erfolg anziehen.

Jungfrau (23. August - 22. September)

- **Glückszahl**: 4
- **Glückstag**: Mittwoch
- **Glücksbringer**: Aktivitäten, die Detailgenauigkeit erfordern, wie Puzzles oder Handwerk.
- **Unglück abwehren**: Jade tragen oder bei sich führen kann Weisheit und Gelassenheit fördern.

Waage (23. September - 22. Oktober)

- **Glückszahl**: 7
- **Glückstag**: Freitag
- **Glücksbringer**: Teilnahme an künstlerischen oder musikalischen Veranstaltungen, die den verfeinerten Geschmack der Waage ansprechen.
- **Unglück abwehren**: Das Tragen von Opal kann Balance und Harmonie bringen, die venusianischen Qualitäten der Waage verstärken.

Skorpion (23. Oktober - 21. November)

- **Glückszahl**: 8
- **Glückstag**: Dienstag
- **Glücksbringer**: Eintauchen in Mysterien oder okkulte Studien. Dies stimuliert die untersuchende Natur des Skorpions.
- **Unglück abwehren**: Schwarze Kristalle wie Obsidian können Schutz bieten und negative Energien absorbieren.

Schütze (22. November - 21. Dezember)

- **Glückszahl**: 3
- **Glückstag**: Donnerstag
- **Glücksbringer**: Reisen oder das Erkunden neuer Philosophien. Dies erweitert die Horizonte des Schützen.
- **Unglück abwehren**: Das Tragen von Türkis kann Glück anziehen und während Reisen schützen.

Steinbock (22. Dezember - 19. Januar)

- **Glückszahl**: 10
- **Glückstag**: Samstag
- **Glücksbringer**: Langfristige Ziele setzen und hart darauf hinarbeiten. Dies entspricht der ehrgeizigen Natur des Steinbocks.
- **Unglück abwehren**: Granat oder dunkler Onyx können zusätzliche Stärke und Widerstandsfähigkeit bieten.

Wassermann (20. Januar - 18. Februar)

- **Glückszahl**: 11
- **Glückstag**: Samstag
- **Glücksbringer**: Engagement in Gruppenaktivitäten oder humanitären Anstrengungen. Dies entspricht dem gemeinschaftsorientierten Geist des Wassermanns.
- **Unglück abwehren**: Amethyst kann die innovativen Ideen des Wassermanns verstärken und vor unvorhergesehenen Problemen schützen.

Fische (19. Februar - 20. März)

- **Glückszahl**: 9
- **Glückstag**: Donnerstag
- **Glücksbringer**: Künstlerische Betätigungen wie Malen oder Musik. Dies nährt die kreative und einfühlsame Natur der Fische.
- **Unglück abwehren**: Das Tragen von meergrünen Steinen wie Aquamarin kann Frieden und Klarheit bringen.

Für jedes Sternzeichen können diese Elemente als Werkzeuge dienen, um Glück anzuziehen und Unglück in 2024 abzuwehren. Diese Praktiken zusammen mit einer positiven Einstellung können Türen zu neuen Möglichkeiten und Erfahrungen öffnen.

Kapitel 10: Schlussfolgerung

2024 mit einem proaktiven Ansatz annehmen

Zusammenfassung des Jahres und Ermutigung zu einem proaktiven Ansatz

Wenn wir unsere Reise durch die astrologischen Erkenntnisse für 2024 abschließen, wird deutlich, dass dieses Jahr von bedeutenden himmlischen Ereignissen geprägt ist, von denen jedes seine einzigartigen Chancen und Herausforderungen mit sich bringt. Von den transformativen Finsternissen bis zu den mächtigen Rückläufigkeiten ist 2024 ein Jahr tiefgreifenden persönlichen Wachstums und der Selbsterkenntnis.

Widder bis Fische: Ein Jahr des Wachstums

- **Widder**: Ein Jahr, um mutige Schritte zu unternehmen und Führungsqualitäten zu umarmen.
- **Stier**: Schwerpunkt auf finanzieller Weisheit und der Akzeptanz von Veränderungen.
- **Zwillinge**: Kommunikation und Networking stehen im Vordergrund.
- **Krebs**: Fokus auf emotionalem Wohlbefinden und Familienangelegenheiten.
- **Löwe**: Eine Zeit, um im persönlichen und beruflichen Bereich zu glänzen.
- **Jungfrau**: Gesundheit und Dienst sind Ihre Pfade zur Erfüllung.

- **Waage**: Beziehungen und Ausgewogenheit sind Ihre Leitsterne.
- **Skorpion**: Tiefgreifende emotionale und spirituelle Transformation erwartet Sie.
- **Schütze**: Erweitern Sie Ihren Horizont durch Lernen und Reisen.
- **Steinbock**: Ambition trifft auf Praktikabilität auf Ihrem Weg zum Erfolg.
- **Wassermann**: Innovative Ideen und Gemeinschaftsengagement sind der Schlüssel.
- **Fische**: Spirituelle und kreative Erkundung werden Sie leiten.

Einen proaktiven Ansatz annehmen

- **Chancen ergreifen**: Jedes Sternzeichen wird auf einzigartige Möglichkeiten treffen. Es ist entscheidend, diese Momente zu erkennen und zu ergreifen.
- **Aus Herausforderungen lernen**: Die Herausforderungen von 2024 sind keine Rückschläge, sondern Stufen zu größerem Verständnis und persönlicher Entwicklung.
- **Flexibel bleiben**: Flexibilität und Anpassungsfähigkeit sind essentiell. Bleiben Sie offen für die Wendungen und Drehungen der astrologischen Einflüsse.
- **Positivität kultivieren**: Bewahren Sie eine positive Denkweise. Sie ist der Treibstoff, der Sie durch die Höhen und Tiefen des Jahres bringt.

- **Verbinden und Teilen**: Bauen Sie auf Ihr Unterstützungsnetzwerk und verlassen Sie sich darauf. Ihre Reise zu teilen und von anderen zu lernen, ist unschätzbar wertvoll.

Wenn wir 2024 annehmen, tun wir dies mit einem proaktiven Geist, bereit, die Lektionen und Geschenke, die es zu bieten hat, zu übernehmen. Mit den Sternen als unseren Führern können wir dieses Jahr mit Weisheit, Mut und Optimismus meistern und es zu einem denkwürdigen Kapitel in unserem Leben machen.

Astrologie 2024: Selbstbewusstsein und Wachstum

Wenn wir auf die astrologische Reise von 2024 zurückblicken, resoniert das übergeordnete Thema tief mit der Bedeutung von Selbstbewusstsein und persönlichem Wachstum. Astrologie bietet auf ihre einzigartige und mystische Weise einen Spiegel unseres inneren Selbst und liefert Einsichten, die über die Oberfläche unseres täglichen Lebens hinausgehen.

Die Rolle der Astrologie bei der Selbsterkundung

- Astrologie ist nicht nur ein Werkzeug zur Vorhersage zukünftiger Ereignisse; sie ist ein Weg zum Verständnis unseres tieferen Selbst, unserer Motivationen und unseres Potenzials. Die Ausrichtung von Sternen und Planeten kann tiefe Einblicke in unseren Charakter, unsere Stärken, Schwächen und Lebensmuster bieten.

- Durch die Beobachtung der Bewegungen und Positionen himmlischer Körper können wir ein besseres Verständnis für die Energien gewinnen, die unser Leben beeinflussen. Dieses Verständnis ermöglicht es uns, unsere Reise bewusster und gezielter zu navigieren.

Persönliches Wachstum durch astrologische Führung

- Die Schlüssel-Astronomieereignisse von 2024 – von Finsternissen bis zu planetarischen Rückläufigkeiten – sind nicht nur Ereignisse, sondern Wegweiser, die uns zur persönlichen Entwicklung führen. Sie fordern uns auf, zu hinterfragen, zu reflektieren und zu wachsen.
- Jedes Sternzeichen hat seine einzigartigen Herausforderungen und Chancen, wie sie im Kosmos dargelegt sind. Diese anzunehmen, kann zu bedeutendem Wachstum und Entwicklung führen.

Selbstbewusstsein als Weg zur Ermächtigung

- Astrologie fördert ein tieferes Niveau des Selbstbewusstseins. Das Verständnis unserer astrologischen Zusammensetzung kann uns ermächtigen, Entscheidungen zu treffen, die im Einklang mit unserer wahren Natur stehen.
- Dieses Selbstbewusstsein hilft dabei, unsere Muster – sowohl konstruktive als auch destruktive – zu erkennen.

Es leitet uns bei der Entscheidungsfindung, verbessert Beziehungen und fördert Ziele, die mit unserem authentischen Selbst in Einklang stehen.

Ein Jahr der Transformation und Erleuchtung

- 2024 steht im Zeichen der Transformation, eine Zeit für jeden von uns, die Weisheit der Sterne zu umarmen. Es ruft zu einer inneren Reise auf, einer Suche, um unsere tiefsten Wünsche und Ängste zu verstehen.
- Indem wir uns mit der Astrologie beschäftigen, treten wir auf einen Weg der Erleuchtung, lernen, die Energien des Universums so zu nutzen, dass sie Wachstum, Heilung und Transformation fördern.

Zusammenfassend bietet 2024 einen himmlischen Fahrplan für jeden Einzelnen, der uns zu größerem Selbstbewusstsein und persönlichem Wachstum führt. Indem wir die astrologischen Einflüsse des Jahres verstehen und nutzen, können wir unser Potenzial entfalten und das Leben mit größerer Weisheit und Klarheit navigieren.

Horoskopnutzung für die Planung 2024

Verständnis Ihres Horoskops

- **Kennen Sie Ihre Sonnen-, Mond- und Aszendenten-Zeichen**: Beginnen Sie damit, nicht nur Ihr Sonnenzeichen (das Sternzeichen, mit dem Sie sich typischerweise aufgrund Ihres Geburtsdatums identifizieren), sondern auch Ihr Mond- und Aszendenten-Zeichen zu verstehen. Jedes bietet eine Einsichtsebene in Ihre Persönlichkeit, Emotionen und wie andere Sie wahrnehmen.
- **Lesen Sie die allgemeinen Trends**: Beginnen Sie mit den breiteren Trends für Ihr Sonnenzeichen. Dies gibt Ihnen ein Gesamtbild der Energien des Jahres und wie sie Sie beeinflussen könnten.

Astrologie in die persönliche Planung integrieren

- **Stimmen Sie sich auf Planetenbewegungen ab**: Planen Sie Ihre Schlüsselaktivitäten um bedeutende astrologische Ereignisse herum. Zum Beispiel neue Projekte während eines Neumonds starten oder Reflexion während einer Merkur-Rückläufigkeit planen.
- **Nutzen Sie Ihre Glückstage und -zahlen**: Betrachten Sie es, wichtige Meetings oder Veranstaltungen an Ihren Glückstagen zu planen. Integrieren Sie Ihre Glückszahlen im Alltag für zusätzliche positive Energie.

Monatliche und jährliche Vorhersagen verwenden

- **Monatsprognosen**: Nutzen Sie monatliche Prognosen für die kurzfristige Planung. Sie können Ihnen Anhaltspunkte geben, wann Sie voranschreiten und wann Sie einen Schritt zurücktreten sollten.
- **Jahresüberblick**: Der Jahresüberblick bietet eine breitere Perspektive und hilft Ihnen, langfristige Ziele im Einklang mit dem astrologischen Klima zu setzen.

Astrologische Führung mit Praktikabilität ausbalancieren

- **Kombinieren Sie Astrologie mit realer Planung**: Während Astrologie wertvolle Einblicke bieten kann, balancieren Sie dies mit praktischen Überlegungen Ihres täglichen Lebens.
- **Bleiben Sie flexibel und anpassungsfähig**: Astrologie bietet Orientierung, aber es ist entscheidend, anpassungsfähig an die unvorhersehbare Natur des Lebens zu bleiben.

Reflektieren und Anpassen

- **Regelmäßige Reflexionen**: Reflektieren Sie regelmäßig, wie sich die astrologischen Einflüsse in Ihrem Leben auswirken. Passen Sie Ihre Pläne entsprechend an.
- **Offen sein fürs Lernen**: Nutzen Sie Astrologie als Werkzeug für Selbsterkenntnis und Wachstum. Seien Sie offen für Lernen und Anpassung unterwegs.

Indem Sie Astrologie als Leitfaden in 2024 verwenden, können Sie informierte Entscheidungen treffen und Ihr Jahr so planen, dass es mit den kosmischen Energien in Einklang steht. Dieser Ansatz kann Ihnen helfen, die positiven Aspekte des Jahres zu nutzen und Herausforderungen effektiver zu bewältigen.